1. Auflage März 2020
© 2020 edulink GmbH, Schubertstr. 12, 80336 München
Alle Rechte vorbehalten

Druck und Bindung: Amazon Media EU S.à r.l., 5 Rue Plaetis, L-2338, Luxembourg

ISBN 9798622204463

Deine Meinung ist uns wichtig! Anregungen, Lob oder Kritik: info@edu-link.de

TestAS, die Gesellschaft für Akademische Studienvorbereitung und Testentwicklung e.V. und ITB Consulting GmbH haben keinerlei Verbindung zu diesem Produkt.

2. Vorbereitungsbuch für den TestAS Geistes-, Kultur- und Gesellschaftswissenschaften: Sprachstrukturen erkennen

Özveri Bauschmid

WIR BITTEN UM DEINE MITHILFE!

Um unsere Vorbereitungsbücher weiterhin auf dem aktuellsten Stand zu halten und um eine bestmögliche Vorbereitung auf die Zulassungsprüfung St. Gallen zu gewährleisten, bitten wir Dich um Deine Hilfe. Wenn Du Verbesserungsvorschläge hast, z.B. neue Fragetypen, die wir in unseren Büchern nicht aufgeführt haben oder andere Hinweise für eine effizientere Vorbereitung, dann schicke uns Dein Feedback mit dem Betreff „FEEDBACK" an info@edu-link.de. Wir schätzen Deine Unterstützung sehr. Bitte beachte hierzu unsere Datenschutzbestimmungen und rechtlichen Hinweise auf Seite 139.

Als Dankeschön vergeben wir monatlich einen Amazon-Gutschein über 25€ für das hilfreichste Feedback. Diese Aktion geht von März 2020 bis einschließlich Februar 2021. Einsendeschluss ist jeweils der letzte Tag des Monats.

Vielen Dank!
Dein edulink Team

VORWORT

Ein Studium in Deutschland ist sehr attraktiv. Es gibt unzählige sehr gute Hochschulen, auch auf internationalem Niveau – laut The Times World University Ranking 2019 sind unter den weltweit 300 besten Universitäten 35 in Deutschland. Ein deutscher Bachelor- oder Masterabschluss bietet auf der ganzen Welt hervorragende Berufschancen. Studienprogramme in englischer Sprache, sowie zahlreiche Fördermöglichkeiten eines internationalen Studiums (z.B. ERASMUS) machen ein Studium in Deutschland auch für Schülerinnen und Schüler aus dem Ausland überaus interessant. Trotz des hohen Standards in der Lehre ist Studieren in Deutschland darüber hinaus sehr günstig: Seit dem Jahr 2013 gibt es an den meisten staatlichen Universitäten (außer z.B. in Baden-Württemberg) auch für Nicht-EU-Bürger keine Studiengebühren mehr. Es ist also nicht weiter verwunderlich, dass die Bewerberzahlen aus dem Ausland an deutschen Hochschulen steigen und dadurch die Hochschulen strengere Zulassungskriterien für Nicht-EU Bewerber benutzen müssen.

Viele ausländische Studienbewerber empfinden es als schwierig, an einer deutschen Hochschule angenommen zu werden. Das Hauptproblem liegt dabei in den meisten Fällen nicht an zu schlechten (Schul-) Leistungen der Bewerber, sondern vielmehr am komplizierten Bewerbungsprozess an sich. In Deutschland herrscht bei dem Großteil der Studiengänge ein dezentrales Bewerbungssystem. Das heißt, dass jede Hochschule ihr eigenes Bewerbungsverfahren hat und somit unterschiedliche Anforderungen an die Bewerber stellt.

Über die Jahre hat sich herausgestellt, dass Bewerber, die am Test für Ausländische Studierende (TestAS) teilnahmen und ein gutes Ergebnis erzielten, höhere Chancen haben, an bestimmten deutschen Hochschulen angenommen zu werden. Vor allem bei naturwissenschaftlichen, wirtschaftswissenschaftlichen und medizinischen Studiengängen kann ein gutes Ergebnis von großem Vorteil sein.

Der TestAS ist eine standardisierte Prüfung für Abiturienten aus Ländern außerhalb der Europäischen Union, die an einer deutschen Hochschule studieren möchten. Er wird von der Gesellschaft für Akademische Studienvorbereitung und Testentwicklung e.V. angeboten. Der TestAS ist eine freiwillige Prüfung, welche die kognitiven und intellektuellen Fähigkeiten von Schülern testet. Sie misst die akademische Eignung eines Schülers und wird seit 2007 angewandt, um die Bewerbung und Anerkennung an Hochschulen zu vereinfachen. Die Prüfung kann auf Deutsch, Englisch und in manchen Fällen auch auf Arabisch abgelegt werden.

Gute TestAS-Ergebnisse bringen Bewerbern Vorteile im Bewerbungsprozess mancher Hochschulen. Teilnehmende Hochschulen können die Fähigkeiten potentieller

Studierender bewerten und darauf basierend eine Zulassungsentscheidung treffen. Deshalb kann ein gutes Testergebnis die Chancen des Bewerbers auf eine Zulassung an der gewünschten Hochschule und für den gewünschten Studiengang erhöhen. Gute Ergebnisse sind außerdem ein Zeichen dafür, dass ein Studierender gute Chancen hat, das gewählte Studienprogramm erfolgreich abzuschließen.

Der TestAS besteht aus zwei Teilen: dem Kerntest und einem Fachmodul. Der Kerntest besteht aus vier Teilen und testet Deine allgemeinen kognitiven Fähigkeiten. Unsere drei Vorbereitungsbücher zum Kerntest helfen Dir diesen Testabschnitt zu meistern. Das Fachmodul wird aus vier zur Auswahl stehenden Möglichkeiten von Dir selbst gewählt, je nachdem, für welche Fachrichtung Du Dich bewerben möchtest (Mathematik und Naturwissenschaften, Ingenieurwissenschaften, Wirtschaftswissenschaften oder Geisteswissenschaften), und testet Dein Talent in diesem speziellen Bereich.

In diesem Buch wird die Aufgabengruppe „Sprachstrukturen erkennen" des Fachmoduls Geistes-, Kultur- und Gesellschaftswissenschaften erklärt. Dazu findest Du ausführliche Erläuterungen, sowie wertvolle Tipps zur Bearbeitung. Anschließend gibt es drei komplette Übungsprüfungen und ausführliche Lösungen.

In unserem Buch „Vorbereitung für den Kerntest: Leitfaden und Muster ergänzen" findest Du detaillierte Informationen über den Aufbau und Ablauf des Tests sowie die Aufgabengruppe „Muster ergänzen". In unserem Buch „Vorbereitung für den TestAS-Kerntest: Quantitative Probleme lösen" findest Du detaillierte Informationen über die Aufgabengruppe „Quantitative Probleme lösen". Anhand unseres Buches „Vorbereitung für den TestAS-Kerntest: Beziehungen erschließen und Zahlenreihen fortsetzen" kannst Du Dich auf die restlichen zwei Aufgabengruppen des Kerntests vorbereiten.

Auf unserer Homepage www.testasprep.com findest Du unsere Bücher für den TestAS als E-Book auf Deutsch und auf Englisch, sowie viele nützliche Informationen zur Prüfung. Unsere Vorbereitungsbücher auf Deutsch sind zusätzlich auf Amazon als gedrucktes Buch erhältlich.

Wir wünschen Dir viel Erfolg bei den Vorbereitungen und bei der Prüfung!

Herzliche Grüße,
Dein edulink Team

INHALTSVERZEICHNIS

ÜBER DAS FACHMODUL „GEISTES-, KULTUR- UND GESELLSCHAFTSWISSEN-SCHAFTEN"

Das Fachmodul „Geistes-, Kultur- und Gesellschaftswissenschaften" ist für die Studenten relevant, die zukünftig ein gesellschaftswissenschaftliches Fach studieren wollen. Die Hochschule, an der Du Dich bewirbst, entscheidet, welches Fachmodul Du für Deine Bewerbung brauchst. Das Fachmodul „Geistes-, Kultur- und Gesellschaftswissenschaften" ist für alle Studenten von Bedeutung, die ein Studium an einer der folgenden Fakultäten aufnehmen wollen:

- Rechtswissenschaftliche Fakultät

- Philosophische Fakultät

- Humanwissenschaftliche Fakultät

Für folgende Fachrichtungen muss das Fachmodul normalerweise absolviert werden:

- Geschichtswissenschaft

- Linguisitk

- Philosophie

- Politologie

- Rechtswissenschaft

- Soziologie

Wenn Du unsicher bist, welches fachspezifische Testmodul für Dich in Frage kommt, wende Dich bitte direkt an die Hochschule, an der Du Dich bewerben möchtest.

Das Fachmodul „Geistes-, Kultur- und Gesellschaftswissenschaften" besteht aus drei Aufgabengruppen:

- 1. Texte verstehen und interpretieren (22 Fragen; 45 Minuten)

- 2. Repräsentationssysteme flexibel nutzen (22 Fragen; 55 Minuten)

- 3. Sprachstrukutren erkennen (22 Fragen, 50 Minuten)

Den 1. und 2. Teil werden wir in einem separaten Buch behandeln. Grundsätzlich ist es unserer Erfahrung nach sehr hilfreich, Sprachkenntnisse von den verschiedensten Themenbereichen zu haben. Vertiefte Fachkenntnisse sind aber laut den Herstellern von TestAS nicht notwendig.

WIE KANN ICH MICH AUF DEN TEST VORBEREITEN?

Die TestAS-Prüfung besteht aus zwei Teilen: Zunächst beurteilt der Kerntest (110 Minuten) die Fähigkeiten, die für ein erfolgreiches Studium in allen Studiengängen notwendig sind. Daran schließt sich ein fachspezifisches Modul (145-150 Minuten) abhängig von der von Dir gewählten Studienrichtung an.

Im Folgenden geben wir Dir einige Hinweise zu dem Lernen mit diesem Buch, der Vorbereitung auf den Test und dem Prüfungstag.

Allgemeine Tipps:

1. Mache Dich mit den verschiedenen Fragetypen und Antwortweisen mehrere Wochen vor dem Testtag vertraut.

- Besonders die Aufgabengruppen „Beziehungen erschließen", „Muster ergänzen" und „Zahlenreihen fortsetzen" sind gewöhnungsbedürftig. Außerdem ist die Beantwortung und Korrektur auf dem Antwortbogen anders als bei anderen Tests.

2. Löse alle Fragen in unserem Buch ohne Taschenrechner oder Wörterbuch.

- So kannst Du Deine Leistung unter realen Bedingen testen. Während der Prüfung wirst Du kein zugang zu Hilfsmitteln haben.

3. Beantworte unsere Übungsfragen unter realen Testbedingungen (ohne Ablenkung) und achte auf die Zeit.

- Der Test ist lang und viele Studenten berichten von Konzentrationsschwierigkeiten am Ende. Auch das kannst Du üben, indem Du den Prüfungstag immer wieder simulierst und unsere Übungsfragen ohne Ablenkung im Zeitraum löst. Somit trainierst Du Deine Konzentration und vermeidest ärgerliche Flüchtigkeitsfehler am Testtag.

4. Die Vorbereitung sollte sich über mehrere Wochen erstrecken.

- Du wirst sehen, dass Du immer besser werden wirst, wenn Du die Übungsaufgaben gewissenhaft und ohne fremde oder unzulässige Hilfe löst.

WIE RÄT MAN AM BESTEN?

Wir empfehlen folgende Herangehensweise, um die Wahrscheinlichkeit von richtigem Raten zu erhöhen.

Schritt 1

Beantworte zuerst die Fragen, mit denen du vertraut bist.

Schritt 2

Verwende das Ausschlussverfahren.

Schritt 3

Bestimme welcher Antwortbuchstabe noch nicht so oft verwendet wurde und mache ihn zum Buchstaben des Tages.

SCHRITT 1: Beantworte zuerst die Fragen, mit denen Du vertraut bist.

Konzentriere Dich beim ersten Durchlauf auf diese Fragen und überspringe diejenigen, die ausgiebiges Denken erfordern oder mit denen Du Dich nicht auskennst.

Kreise die Fragen ein, die Du übersprungen hast, damit Du sie leicht finden kannst.

SCHRITT 2: Verwende das Ausschlussverfahren wo möglich.

Sobald Du alle Fragen gesehen hast, gehst Du zu den übersprungenen Fragen zurück. Durch diese Zwei-Runden-Strategie wirst Du möglicherweise sicherer, da Du erkennst, dass Du – trotz übersprungener Fragen – viele Fragen korrekt beantworten kannst.

Nutze jetzt das Ausschlussverfahren, um Antwortmöglichkeiten auszuschließen, von denen Du weißt oder glaubst sie seien falsch. Wenn Du während der Bearbeitung der Fragen eindeutig falsche Antworten siehst, streiche den Antwortbuchstaben deutlich sichtbar durch.

SCHRITT 3: Bestimme welcher Antwortbuchstabe in diesem Untertest noch nicht so oft verwendet wurde und mache ihn zum Buchstaben des Tages.

Schau, welche Antwortbuchstabe A bis D Du in dem Untertest am seltensten angekreuzt hast. Dieser wird dann Dein Buchstabe des Tages. (In den vergangenen Jahren beim TestAS kam jede der 4 Antwortbuchstaben in jedem Untertest annähernd gleich häufig vor.) Verwende ihn für jede Antwort, die Du raten musst. Dadurch wird die Wahrscheinlichkeit erhöht, mehr Fragen korrekt zu beantworten.

Überspringe Schritt 2, wenn Dir die Zeit ausgeht, damit Du zumindest eine Antwortmöglichkeit für alle Fragen markiert hast.

WIE GEBE ICH DIE ANTWORTEN AUF DEM ANTWORTBLATT AN?

Der Kerntest und das studienfeldspezifische Testmodul werden jeweils in einem kleinen Aufgabenheft ausgegeben. Dazu gibt es **einen separaten Antwortbogen**, auf dem die Antworten mit Kugelschreiber markiert werden müssen. Die Antworten im Aufgabenheft werden nicht kontrolliert.

Du musst einen Kugelschreiber mit blauer oder schwarzer Tinte verwenden, um die Antworten zu markieren. Verwende keinen Bleistift. Die ausgewählte Antwort muss mit einem X markiert werden. In dem untenstehenden Beispiel ist Antwort B markiert.

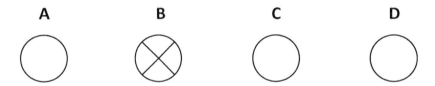

Falls Du eine bereits markierte Antwort ändern möchtest, malst Du den gesamten Kreis aus und platzierst ein X im Kreis Deiner neuen Antwort. In dem untenstehenden Beispiel ist Antwort D markiert.

In dem unwahrscheinlichen Fall, dass Du Deine Meinung ein drittes Mal änderst, malst Du den gesamten Kreis aus und platzierst ein X im Kreis Deiner neuen Antwort. In dem untenstehenden Beispiel ist Antwort C markiert.

Falls Du Deine Meinung nochmals ändern solltest und Dich doch für die erste Antwort entscheidest, obwohl Du diese bereits geändert hast, kannst Du den richtigen Buchstaben (A, B, C, D) an das Ende der Antwortzeile schreiben. In dem untenstehenden Beispiel ist Antwort B markiert.

Da die Antwortbögen von einem Computer ausgewertet werden und man nach Ende des Tests die Auswertung der Antwortbögen nicht überprüfen kann, empfehlen wir Dir nicht so viele Änderungen dieser Art zu machen.

Bitte stelle sicher, dass Du alle Antworten in dem Antwortbogen eingetragen hast, bevor die Zeit abgelaufen ist. Nach dem Ende des Untertests musst Du mit der Bearbeitung der nächsten Aufgabengruppe anfangen und darfst nicht mehr zurückblättern. Nur die Markierungen auf dem Antwortbogen gehen in die Wertung ein.

Falls Du Schwierigkeiten mit einer bestimmten Aufgabe hast, versuche sie nicht zwanghaft zu lösen. Gehe lieber nach dem Ausschlussprinzip vor und versuche zu raten. Falsche Antworten und nicht markierte Antworten haben dieselbe Auswirkung auf deinen Endpunktestand. Es gibt keinen Punktabzug für falsche Antworten.

PRAKTISCHE TIPPS FÜR DEN TESTTAG

Der Test dauert über 5 Stunden. Bitte bringe unbedingt Getränke und Snacks mit, um genügend Energie für den gesamten Test zu haben.

Zusätzlich ist es sehr wichtig, in der Nacht vor dem Test ausreichend zu schlafen. Das klingt vielleicht selbstverständlich, ist allerdings notwendig, damit Du Dich über fünf Stunden lang konzentrieren kannst.

SPRACHSTRUKTUREN ERKENNEN

2

EINFÜHRUNG

Im Teil „Sprachenstrukturen erkennen" werden Dir kurze Sätze auf Deutsch und in einer erfundenen Sprache vorgegeben. Die Wörter/Sätze ermöglichen es Dir, die grammatikalischen Strukturen der Sprache so weit zu entschlüsseln, dass Du den gegebenen deutschen Satz übersetzen kannst.

Sehen wir uns ein einfaches Beispiel für eine solche Aufgabe an.

 BEISPIEL 1

(I) tuludola   =   Ich rief an.

(II) tolodola   =   Wir riefen an.

„Er rief an" heißt in der fremden Sprache:

    (A) tulufola

    (B) tuludolu

    (C) tolodulu

    (D) tulodola

Antwort: D

Wenn wir uns den deutschen Text anschauen, fällt auf, dass es sich in beiden Sätzen um dasselbe Verb sowie dieselbe Zeitform handelt, nämlich „anrufen" in der Vergangenheitsform.

Jetzt sehen wir uns an, welcher Teil des fremdsprachigen Worts sich wiederholt. Dieser muss dann für „anrufen" oder „rief/en an" stehen.

(I) Tulu**dola**   =   Ich rief an.

(II) Tolo**dola**   =   Wir riefen an.

Das Suffix „dola" wird in beiden Sätzen wiederholt. Da in der Aufgabe nach „Er rief an" gefragt ist, schauen wir jetzt, welche Antwortmöglichkeiten das Suffix „dola" beinhalten. Nur Antwort D kommt in Frage.

Außerdem können wir basierend auf diesen einfachen Sätzen folgende Regeln für die fiktive Sprache ableiten:

- Indem wir uns die Platzierung von „dola" ansehen, können wir den Satzbau ableiten. Verb und Zeitform werden kombiniert und bilden gemeinsam mit dem/n Subjekt/en <u>ein</u> Wort. ➔ Subjekt + (Verb + Zeitform).

- Daher muss „tulu" „ich" bedeuten.

- „tolo" heißt „wir".

- Wir wissen allerdings nicht, welche Buchstaben im Wort das Verb und welche die Zeitform repräsentieren. „dola" bedeutet zwar „rief/riefen an", es könnte aber sein, dass „dol" „anrufen" bedeutet und „a" die Vergangenheitsform bezeichnet. Dasselbe gilt für d + ola, do + la etc.

BEISPIEL 2

(I)   tuludola   =   Ich rief an.

(II) tolodola   =   Wir riefen an.

(III) tolodol   =   Wir rufen an.

„Ich werde anrufen" heißt in der fremden Sprache:

    (A) tolodolu

    (B) tuludolu

    (C) tuludol

    (D) toludolu

Antwort: B

Aus BEISPIEL 1 und den Aussagen (I) und (II) wissen wir, dass auf das Subjekt Verb und Zeitform folgen und alle drei zu einem Wort kombiniert werden.

Subjekt   Verb + Zeitform

Wenn wir die Aussagen (II) und (III) miteinander kombinieren, sehen wir, dass der einzige Unterschied in der Endung „a" besteht, welche somit die Vergangenheit markieren muss.

(I) tolodola   =   Wir riefen an.

(II) tolodol   =   Wir rufen an.

„dol" ist die Gegenwartsform des Verbs „anrufen". Um die Vergangenheitsform zu erhalten, fügen wir am Ende den Buchstaben „a" hinzu. So erhalten wir folgende Struktur:

Subjekt Verb Zeitform

In BEISPIEL 2 wird nach der Übersetzung von „Ich werde anrufen" gefragt.

„Ich rufe an" wäre „tuludol". Wir benötigen eine Endung, um die Zukunftsform zu erhalten. Jetzt müssen wir uns die Antworten ansehen, um diese zu ermitteln, da in den gegebenen Aussagen kein Bezug auf das Futur genommen wird.

Die Antwortmöglichkeiten A und D können eliminiert werden, da sie nicht mit „tuludol" beginnen.

Antwortmöglichkeit C hat keine Endung, was auf die Gegenwartsform hindeutet.

Daher muss Antwort B korrekt sein. Ein „u" am Ende des Verbs markiert offenbar das Futur der fiktiven Sprache.

Wenn Du die Fragen aus dem Bereich „Sprachensysteme" beantwortest, musst Du die folgenden drei Aspekte der neuen Sprache entschlüsseln:

1) Der Satzbau: Wo befinden sich Subjekt / Verb / Objekt? Welche von ihnen werden zusammengeschrieben und in welcher Reihenfolge?

2) Die Bedeutung bestimmter Wörter: Es ist oft notwendig, die Bedeutung des Verbs und/oder des Subjekts zu kennen.

3) Die Art, auf der die Zeitformen gebildet werden (Gegenwart, Zukunft, Vergangenheit): Hat das Verb eine bestimmte Endung? Wird ein getrenntes Wort hinzugefügt?

Anhand einiger Beispiele zeigen wir Dir jetzt, wie Du derartige Fragen lösen kannst. Am Ende dieses Abschnitts findest Du zwei vollständige Tests, mit denen Du Deine Beantwortungsstrategie üben und verfeinern kannst. Dieser Fragentyp müsste Dir zwar vollkommen neu sein, sobald Du aber das Grundprinzip verstanden hast, ist er relativ einfach zu lösen.

DIESER FRAGENTYP KANN GEMEISTERT WERDEN

Diese Art von Fragen ist für Absolventen*innen einer Sekundarschule ungewöhnlich, da zwischen Deutsch und einer erfundenen (nicht existierenden) Sprache übersetzt werden muss. Die gute Nachricht ist, dass **diese Fähigkeit erlernt werden kann**!

Wie gut Du diese Fragestellung meistern kannst, hängt vor allem davon ab, **wie oft Du sie übst**. Die folgenden Abschnitte enthalten zahlreiche Übungsaufgaben. Wir empfehlen, zuerst einen ganzen Beispieltest ohne Hilfe zu absolvieren und sich erst danach die Erklärungen durchzulesen. Auf diese Weise erkennst Du Deine Schwächen und merkst, auf welchen Fragentyp Du Dich konzentrieren solltest.

ALLGEMEINE REGELN FÜR DIESEN ABSCHNITT

- Du hast **50 Minuten** Zeit, um **22 Fragen** zu beantworten.

- Du erhältst Sätze auf **Deutsch** und in verschiedenen **fiktiven Sprachen**. Jetzt musst Du die Regeln jeder dieser Sprache ermitteln und den Satz basierend auf diesen Regeln übersetzen. Nach zwei Fragen erhältst Du eine neue fiktive Sprache, die in keinster Weise zu der fiktiven Sprache aus den vorangegangenen Fragen in Verbindung steht.

- Die Fragen werden im Laufe des Abschnitts immer schwieriger. Die ersten Fragen sind **sehr** leicht und die letzten Fragen sehr mühsam und zeitraubend. Löse die ersten Fragen schnell und verschwende keine Zeit, indem Du die Resultate zweimal kontrollierst.

- Nur richtige Antworten wirken sich auf Dein Ergebnis aus. Lass daher keine Fragen aus. Es gibt keinen Punktabzug für falsche Antworten.

- Wahrscheinlich wird Dir in diesem Abschnitt die Zeit ausgehen. Falls Du bei einer Frage Probleme hast, markiere sie (um sie später wiederzufinden), eliminiere alle offensichtlich falschen Antworten und rate dann zwischen den verbleibenden Antwortmöglichkeiten. Du kannst immer wieder zu der Frage zurückkehren, falls Du noch Zeit übrig haben solltest (was aber nicht sehr wahrscheinlich ist).

- Die fiktive Sprache basiert auf keiner echten Sprache und keinen echten Grammatikregeln. Du darfst daher keine Parallelen zwischen Deutsch oder anderen Sprachen und der fiktiven Sprache ziehen. Das Wort „Schokolade" ist zum Beispiel in vielen Sprachen ein langes Wort, in der fiktiven Sprache könnte es aber nur wenige Buchstaben lang sein (zum Beispiel „au"). „Und" ist auf Deutsch hingegen ein sehr kurzes Wort, in der neuen Sprache könnte es aber lang, zum Beispiel „hapus", sein. Einige Wörter könnten auch mit anderen Wörtern kombiniert werden, anstatt getrennt geschrieben zu werden. Die Regeln der fiktiven Sprache haben nichts mit den Regeln gemein, die Du aus der deutschen Sprache kennst.

- In den fiktiven Sprachen gibt es keine Unregelmäßigkeiten. Falls die Regel der fiktiven Sprache lautet, dass die Vergangenheit gebildet wird, indem dem Verb die Buchstaben „sey" angehängt werden, gilt das ohne Ausnahme für alle Verben − auch wenn sie auf Deutsch unregelmäßig sind. (Beispiel für unregelmäßige Verben: essen → aß; Beispiel für einen unregelmäßigen Plural: Firma → Firmen.)

IN DEN FIKTIVEN SPRACHEN GIBT ES KEINE UNREGELMÄS-SIGKEITEN

Im Deutschen und in vielen anderen Sprachen gibt es Unregelmäßigkeiten und Besonderheiten. Das gilt vor allem dann, wenn Wörter von der Gegenwarts- in die Vergangenheitsform umgewandelt werden, wobei unter anderem zwischen starken und schwachen Verben zu unterscheiden ist:

- lachen → lachte / ich habe gelacht
- rufen → rief / ich habe gerufen
- fahren → fuhr / ich bin gefahren.

Weitere Unregelmäßigkeiten treten häufig bei der Pluralbildung auf. Im Deutschen werden je nach Wort verschiedene Endungen angehängt, um die Mehrzahl eines Wortes zu bilden. Dadurch ergeben sich unterschiedliche Varianten:

- Fisch → Fische
- Haus → Häuser
- Tiger → Tiger.

In den fiktiven Sprachen dieses Untertests gibt es keine Unregelmäßigkeiten und keine unterschiedlichen Zeitformen – auch wenn das im Deutschen der Fall wäre. Es gibt nur eine Regel, um die Gegenwartsform in die Vergangenheitsform umzuwandeln, diese gilt für alle Verben.

(I)   tuludola   =   Ich rief an.

(II) tolodola   =   Wir riefen an.

(III) tolodol   =   Wir rufen an.

(IV) tuludolu   =   Ich werde anrufen.

„Wir fielen" heißt in der fremden Sprache:

   (A) tolukutba

   (B) tolokuta

   (C) tolokutt

   (D) tolokutu

Antwort: B

Wiederholen wir, was wir bereits wissen:

Subjekt   Verb   Zeitform

ich = tulu   anrufen = dol   Vergangenheitsform = a

wir = tolo   Zukunftsform = u.

Das bedeutet, dass wir einen Teil der Antwort bereits kennen: (tolo) + (???) + (a). Da „fallen" nicht in den Aussagen enthalten ist, müssen wir die Lösung aus den Antworten ableiten.

Nur Antwortmöglichkeit B folgt der oben beschriebenen Struktur. Wir wissen jetzt, dass „fallen" in der fiktiven Sprache „kut" heißt.

(I)	tuludola	=	Ich rief an.
(II)	tuludola busma	=	Ich rief unseren Freund an.
(III)	tolodola busmad	=	Wir riefen unsere Freunde an.
(IV)	tuludola fonma	=	Ich rief unser Kind an.

„Ich rief unsere Kinder an" heißt in der fremden Sprache:

(A) tuludola fonmas

(B) tolodola fonmas

(C) tuludola fonmad

(D) tolodola fonmad

Antwort: C

Aus Aussage (I) wissen wir, dass die Antwort mit „tuludola" beginnen muss. Die Möglichkeiten B und D können wir daher bereits ausschließen.

Jetzt müssen wir herausfinden, was „unsere Kinder" heißt. Indem wir die Sätze (II) und (III) miteinander vergleichen, können wir herausfinden, wie das Objekt gebildet wird: Der Satz wird einfach um ein zweites Wort ergänzt.

(I) tuludolabusma = Ich rief unseren Freund an.

Ich anrufen Vergangenheit unser Freund

(II) tolodolabusmad = Wir riefen unsere Freunde an.

Wir anrufen Vergangenheit unsere Freunde

Wenn wir „busma" und „busmad" miteinander vergleichen, erkennen wir schnell, dass das Suffix „d" der Pluralbildung eines Wortes dient. (Natürlich könnte es in einer echten Sprache mehrere verschiedene Endungen für die Mehrzahl geben, außerdem kommen meist Unregelmäßigkeiten vor. Wir wissen in diesem Untertest aber, dass die fiktiven Sprachen keine Unregelmäßigkeiten aufweisen.)

Um die Frage zu beantworten, müssen wir uns daher Aussage (IV) ansehen und dem Wort ein „d" hinzufügen, um den Plural von „Kind" zu erhalten. Die richtige Antwort ist C.

(Man könnte argumentieren, dass Antwort A ebenfalls richtig sein könnte, da der Plural auch mit einem „s" gebildet werden könnte – falls es sich um ein unregelmäßiges Wort handelte. Wie zuvor erwähnt, gibt es in der fiktiven Sprache aber keine Unregelmäßigkeiten.)

DIE RICHTIGE ZEITEINTEILUNG IST AUSSCHLAGGEBEND

Du hast insgesamt **50 Minuten** Zeit, um die **22 Fragen** des Abschnitts „Sprachstrukturen erkennen" zu beantworten. Bedenke, dass Du gegen Ende dieser langen Prüfung bereits müde sein wirst und dass dieser Abschnitt viel Konzentration erfordert.

Wie in allen Prüfungsteilen, sind auch in diesem Abschnitt die ersten Fragen die leichtesten. Da Du **pro Frage ungefähr zwei Minuten** Zeit hast, empfehlen wir, zuerst die einfachen Fragen zu beantworten.

Der Testdurchschnitt in diesem Sprachabschnitt ist normalerweise niedrig. Wir nehmen daher an, dass jede richtig beantwortete Frage eine etwas größere Auswirkung auf Deine Gesamtpunktzahl hat. Mit etwas Übung könntest Du in diesem Abschnitt überdurchschnittlich gut abschneiden und somit eine höhere Gesamtpunktzahl erreichen.

TOP-DOWN-METHODE

In diesem Abschnitt erläutern wir, wie man die Regeln der Sprache entschlüsseln und dann den gewünschten Satz übersetzen kann. Dieser Abschnitt ist sehr mühsam, aber wichtig, um die Logik dieses Fragentyps nachzuvollziehen. Danach kannst Du Deine eigene Methode entwickeln, um die Fragen schnell und zuverlässig lösen zu können.

Beachte, dass die Top-Down-Methode sehr zeitraubend ist, da Du Regeln entzifferst ohne zu wissen, welche von ihnen Du benötigst, um die Frage zu beantworten. Bei einer Frage mit Sätzen in verschiedenen Zeitformen könntest Du zum Beispiel die Regeln zur Bildung der Zeitformen entschlüsseln. Falls diese Regeln zur Beantwortung der Frage aber nicht benötigt werden oder die falschen Antworten auch ohne diese Regeln eliminiert werden können, hast Du wahrscheinlich wertvolle Zeit vergeudet.

Dennoch ist es ratsam, einige Beispiele mit Hilfe der Top-Down-Methode zu lösen. Dadurch lernst Du diesen Fragentyp kennen.

Wir vorhin mit sehr einfachen Fragen begonnen. Jetzt machen wir mit mittelschweren Fragen weiter.

BEISPIEL 5-9

(I)   zanatlulu autim   =   Der Junge füttert die Katze.

(II) uduldieda lulum   =   Das Mädchen ruft den Jungen an.

(III) zanatnana krabim   =   Die Mutter füttert die Kinder.

(IV) aidilsuka nanam   =   Der Nachbar besucht die Mutter.

BEISPIEL 5

„Das Mächen besucht die Katze" heißt in der fremden Sprache:

(A) luluzanat auti

(B) aidildieda autim

(C) udulsuka nana

(D) aidildiedam auti

BEISPIEL 6

„Der Nachbar ruft die Kinder an" heißt in der fremden Sprache:

(A) udulsuka krabim

(B) aidilnana dieda

(C) aidilsuka krabi

(D) udulsukam krabim

BEISPIEL 7

„Der Junge besucht das Mädchen" heißt in der fremden Sprache:

(A) aidiludul autim

(B) zanatlulu diedam

(C) aidillulu diedam

(D) zanatlulu dieda

BEISPIEL 8

„Der Nachbar füttert die Kinder und die Katze" heißt in der fremden Sprache:

(A) zanatlulu autim diedam

(B) zanatsuka autim

(C) zanatlulu krabi auti

(D) zanatsuka krabimsautim

BEISPIEL 9

„Die Mutter besucht den Nachbarn" heißt in der fremden Sprache:

(A) zanatnana sukam

(B) aidilnana sukam

(C) zanatsuka nanam

(D) aidilsuka krabim

Antwort 5: B

Antwort 6: A

Antwort 7: C

Antwort 8: D

Antwort 9: B

Schritt 1: Finde die Wörter, die sich wiederholen

- „der Junge" in den Aussagen (I) und (II)

- „füttert" in den Aussagen (I) und (III)

- „die Mutter" in den Aussagen (III) und (IV).

Schritt 2: Sieh Dir die Aussagen mit den sich wiederholenden Wörtern an, um diese zu übersetzen. Ziehe daraus Schlussfolgerungen zum Satzbau.

Wir beginnen mit dem Wort „der Junge".

(I) zanatlulu autim   =   Der Junge füttert die Katze.

(II) uduldieda lulum   =   Das Mädchen ruft den Jungen an.

Daraus schließen wir Folgendes:

- „lulu" bedeutet „der Junge".

- Das Subjekt befindet sich am Ende des ersten Worts und das Objekt bildet den Anfang des zweiten Worts.

Danach sehen wir uns „füttert" an.

(I) zanatlulu autim   =   Der Junge füttert die Katze.

(II) zanatnana krabim   =   Die Mutter füttert die Kinder.

Daraus schließen wir Folgendes:

- „zanat" bedeutet „füttert".

- Das Verb steht am Anfang des ersten Worts.

- Der Satzbau lautet daher:

  o Erstes Wort: Verb + Subjekt.

Das dritte sich wiederholende Wort ist „Mutter".

(I) zanatnana krabim   =   Die Mutter füttert die Kinder.

(II) aidilsuka nanam   =   Der Nachbar besucht die Mutter.

Daraus schließen wir Folgendes:

- „nana" bedeutet „Mutter".
- Wir sehen, dass dem Objekt am Ende ein „m" hinzugefügt wurde, was auch in Aussage (II) der Fall war. Offensichtlich markiert „m" das direkte Objekt.
- Daher lautet der Satzbau:
  - o Erstes Wort: Verb + Subjekt
  - o Zweites Wort: Objekt + Buchstabe „m".

Schritt 3: Top-Down

Zusammenfassung der Informationen, die wir bereits kennen:

- der Junge   =   lulu
- füttert   =   zanat
- die Mutter   =   nana
- Satzbau: Verb + Subjekt (erstes Wort), Objekt + „m" (zweites Wort)

Arbeiten wir uns also von Aussage zu Aussage durch, um die anderen Wörter zu entschlüsseln.

(I) zanatlulu autim   =   Der Junge füttert die Katze.

   Wir wissen, dass das zweite Wort das Objekt ist, weshalb „auti" Katze heißen muss.

(II) uduldieda lulum   =   Das Mädchen ruft den Jungen an.

   Das erste Wort in der fiktiven Sprache ist das Verb, gefolgt vom Subjekt. Das bedeutet, dass das Verb „anrufen" mit den Buchstaben „ud..." beginnt, während das Wort „das Mädchen" mit „...da" endet. (Wir kennen die genauen Wörter noch nicht. Sie könnten ud + uldieda oder udul + dieda oder u + duldieda etc. sein.)

(III) zanatnana krabim   =   Die Mutter füttert die Kinder.

   Das zweite Wort ist das Objekt, in diesem Fall„krabi" und „die Kinder".

(IV) aidilsuka nanam   =   Der Nachbar besucht die Mutter.

Wenn wir uns diesen Satz ansehen, wissen wir, dass „besuchen" mit den Buchstaben „ai..." beginnt. „Der Nachbar" endet mit „...ka".

Hier eine Zusammenfassung unserer bisherigen Erkenntnisse:

- der Junge   =   lulu
- füttert   =   zanat
- die Mutter   =   nana
- Satzbau   =   v + s (erstes Wort) o + „m" (zweites Wort)
- die Katze   =   auti
- anrufen   =   ud...
- das Mädchen   =   ...da
- die Kinder   =   krabi
- besuchen   =   ai...
- der Nachbar   =   ...ka

Es empfiehlt sich, die Regeln auf ein Stück Papier zu schreiben, damit Du die Liste ergänzen kannst, wenn Du neue Regeln und Vokabeln entdeckst.

Jetzt, da wir uns alle Regeln aufgeschrieben haben, die wir aus den Aussagen ableiten konnten, sehen wir uns die erste Antwortmöglichkeit an, um mehr zu erfahren.

BEISPIEL 5

„Das Mädchen besucht die Katze." heißt in der fremden Sprache:

(A) luluzanat auti

(B) aidildieda autim

(C) udulsuka nana

(D) aidildiedam auti

Basierend auf unseren bisherigen Erkenntnissen muss die Antwort die folgenden Kriterien erfüllen:

- Das erste Wort muss mit „ai..." beginnen.
- Das erste Wort muss mit „...da" enden.
- Das zweite Wort muss „autim" sein.

Nur Antwort B erfüllt diese Kriterien.

BEISPIEL 6

„Der Nachbar ruft die Kinder an" heißt in der fremden Sprache:

(A) udulsuka krabim

(B) aidilnana dieda

(C) aidilsuka krabi

(D) udulsukam krabim

Basierend auf unseren bisherigen Erkenntnissen muss die Antwort die folgenden Kriterien erfüllen:

- Das erste Wort muss mit „ud..." beginnen.
- Das erste Wort muss mit „...ka" enden.
- Das zweite Wort muss „krabim" sein.

Nur Antwort A entspricht diesen Kriterien.

„Der Junge besucht das Mädchen." heißt in der fremden Sprache:

(A) aidiludul autim

(B) zanatlulu diedam

(C) aidillulu diedam

(D) zanatlulu dieda

Basierend auf unseren bisherigen Erkenntnissen muss die Antwort die folgenden Kriterien erfüllen:

- Das erste Wort muss mit „ai..." beginnen.

- Das erste Wort muss mit „...lulu" enden.

- Das zweite Wort endet mit „da" plus dem „m" als Endung für das direkte Objekt, also „dam".

Nur Antwort C entspricht diesen Kriterien.

Wir haben jetzt neue Informationen über die fiktive Sprache: „besuchen" bedeutet „aidil" und „das Mädchen" bedeutet „dieda".

Um unsere bisherigen Erkenntnisse zusammenzufassen:

der Junge	=	lulu
füttert	=	zanat
die Mutter	=	nana
Satzbau	=	v + s (erstes Wort) o + „m" (zweites Wort)
die Katze	=	auti
anrufen	=	ud...
das Mädchen	=	dieda
die Kinder	=	krabi
besuchen	=	aidil
der Nachbar	=	...ka

Indem wir uns das erste Wort aus Aussage (II) ansehen, wissen wir:

- anrufen   =   udul
- der Nachbar   =   suka

Machen wir mit der nächsten Frage weiter.

 BEISPIEL 8

„Der Nachbar füttert die Kinder und die Katze" heißt in der fremden Sprache:

(A) zanatlulu autim diedam

(B) zanatsuka autim

(C) zanatlulu krabi auti

(D) zanatsuka krabimsautim

Basierend auf unseren bisherigen Erkenntnissen sollte der Satz wie folgt aufgebaut sein:

- Das erste Wort muss zanat + suka lauten.

- Das zweite Wort muss „krabi" (= die Kinder) und „auti" (= die Katze) enthalten.

Nur Antwort D erfüllt diese Kriterien. Offensichtlich heißt „krabimsautim" „die Kinder und die Katze". Jetzt kennen wir zwei neue Regeln:

- und = s.

- Falls zwei Objekte durch „und" miteinander verbunden werden, verschmelzen sie zu einem Wort.

Die letzte Frage ist – da wir bereits sehr viel wissen – ganz einfach gelöst.

„Die Mutter besucht den Nachbarn." heißt in der fremden Sprache:

(A) zanatnana sukam

(B) aidilnana sukam

(C) zanatsuka nanam

(D) aidilsuka krabim

Wir können den Satz bilden, ohne uns die Antwortmöglichkeiten anzusehen: aidil + nana suka + m. Die Antwort ist B.

UNSER VORSCHLAG ZUR VORGEHENSWEISE

Unten stellen wir unseren Vorschlag zur Vorgehensweise vor, der natürlich subjektiv ist. Wenn Du die Aufgabenstellung mit einer anderen Vorgehensweise besser lösen kannst, dann benutze Deine eigene Herangehensweise, um die Aufgaben schnell und zuverlässig zu lösen.

Schritt 1 - Suche nach Wiederholungen.

Lies Dir alle Sätze durch und suche nach Wörtern, die sich wiederholen. Schreib die Wörter und Regel(n) auf, die Du entschlüsseln konntest. Das Aufschreiben hilft Dir dabei, den Überblick über entdeckte Regeln zu behalten.

Schritt 2 - Schließe offensichtlich falsche Antworten aus.

Jetzt nutze die Regeln, um falsche Antworten zu eliminieren. Markiere die eliminierten Antworten auf dem Fragebogen, um Verwirrungen zu vermeiden. (Zu Beginn dieses Untertests hast Du schon einen vier Stunden hinter Dir, was Konzentrationsprobleme verursachen kann.)

Schritt 3 - Angesichts der verbleibenden Antworten, auf welche Bereiche musst Du Dich fokussieren? Entschlüssele diese (z.B. mit der Bottom-Up-Methode, die wir unten erläutern).

Konzentriere Dich auf die Bereiche, die es Dir ermöglichen, eine Entscheidung zu treffen. Falls z.B. zwei Antwortmöglichkeiten übrig bleiben und das erste Wort identisch ist, konzentrierst Du Dich auf das 2. Wort.

Schritt 4 - Falls Du bereits seit 2 Minuten an einer Frage arbeitest, denk darüber nach, offensichtlich falsche Antworten zu eliminieren und danach zu raten.

Suche beim Eliminieren nach Hinweisen in den Antworten, z.B. nach einem Wort, das im Satz enthalten sein muss.

Hinweis:

Immer zwei Fragen hintereinander beziehen sich auf die fiktive Sprache beziehen. Falls Du mit der ersten Aufgabe nicht weiterkommst, rate und geh zur nächsten Aufgabe über. Die durch die neue Aufgabe hinzugewonnenen Kenntnisse könnten es Dir dann ermöglichen, die vorangegangene Fragen zu lösen.

Jetzt zeigen wir Dir ein paar Beispiele, an denen Du unseren Vorschlag ausprobieren kannst. Basierend auf Deinen Erfahrungen kannst Du dann Deine eigene effektive Methode zur Meisterung dieses Fragentyps entwickeln.

BEISPIEL 10-12

(I)	mitekoppo mät	=	Der Lehrer spricht laut.
(II)	saniixansch miteen	=	Der Schüler ruft den Lehrer an.
(III)	kazmkoppo saot	=	Der Bibliothekar spricht schnell.
(IV)	Xundiperdi kazmen	=	Der Besucher nervt den Bibliothekar.

BEISPIEL 10

„Der Lehrer ruft den Besucher an" heißt in der fremden Sprache:

(A) mitekoppo xundien

(B) xundiperdi miteen

(C) mitexansch saniien

(D) mitexansch xundien

BEISPIEL 11

„Der Schüler nervt den Bibliothekar" heißt in der fremden Sprache:

(A) saniixundi saot

(B) saniiperdi kazmen

(C) saniixansch kazmen

(D) saniiperdi xundien

„Der Besucher spricht schnell und laut mit dem Bibliothekar" heißt in der fremden Sprache:

(A) xundikappo kazmsaot mat

(B) xundiperdi saot mat

(C) xundikoppo kazmmät saot

(D) xundiperdi kazmsaotmat

Antwort 10: D

Antwort 11: B

Antwort 12: C.

Wir beginnen damit, dass wir uns die sich wiederholenden Wörter ansehen.

Schritt 1: Sich wiederholende Wörter

- „der Lehrer" in Aussagen (I) und (II)

- „spricht" in Aussagen (I) und (III)

- „der Bibliothekar" in Aussagen (III) und (IV)

- Basierend auf den oben stehenden Fakten wissen wir, dass „der Lehrer spricht" „mitekoppo" heißt.

Daher muss „laut" „mät" heißen.

(I) mitekoppo mät   =   Der Lehrer spricht laut.

(II) saniixansch miteen   =   Der Schüler ruft den Lehrer an.

(III) kazmkoppo saot   =   Der Bibliothekar spricht schnell.

(IV) xundiperdi kazmen   =   Der Besucher nervt den Bibliothekar.

Daher wissen wir:

- der Lehrer   =   mite

- spricht   =   koppo

- der Bibliothekar   =   kazm

- laut   =   mät

- Die direkten Objekte enden mit „en" (siehe die Verwendung von Lehrer und Bibliothekar als Objekt und Subjekt).

- Satzbau

  o   Subjekt + Verb (erstes Wort)

  o   Objekt + „en" oder Adverb (zweites Wort).

Bei der Bottom-Up-Methode musst Du pragmatisch vorgehen. Beantworte die Fragen, indem Du Dir sofort alle Fragen und Antwortmöglichkeiten durchliest, anstatt zuerst die bekannten Fakten über die fiktive Sprache aufzulisten. Sehen wir uns also die drei Fragen an und eliminieren wir die Antwortmöglichkeiten, die wir bereits ausschließen können.

BEISPIEL 10

„Der Lehrer ruft den Besucher an" heißt in der fremden Sprache:

(A) mitekoppo xundien

(B) xundiperdi miteen

(C) mitexansch saniien

(D) mitexansch xundien

Indem Du den Satzbau s + v o + „en" berücksichtigst, kannst Du alle Auswahlmöglichkeiten ausschließen, die nicht mit „mite" (= der Lehrer) beginnen. Antwortmöglichkeit B fällt daher raus.

Wir können auch A ausschließen, da „koppo" (= sprechen) enthalten ist.

Damit verbleiben die Antworten C und D. Da der vordere Teil identisch ist, muss „xansch" „sprechen" bedeuten. Fügen wir es daher unserer Liste der bekannten Regeln hinzu. Die Frage ist, ob „saniien" oder „xundien" Besucher bedeutet. Wir suchen also das Wort „Besucher". Hier liefert uns Aussage (IV) die gewünschten Informationen. Das Subjekt, d.h. das erste Wort der fiktiven Sprache, ist „xundi", was „der Besucher" heißen muss.

Die richtige Antwort ist D.

Wenn wir uns nun Aussage (IV) ansehen, erkennen wir, dass „perdi" „nerven" heißen muss.

Zusammenfassend wissen wir Folgendes und können unsere Liste entsprechend erweitern:

- der Lehrer   =   mite
- spricht   =   koppo
- der Bibliothekar   =   kazm
- laut   =   mät
- anrufen   =   xansch

- der Besucher = xundi

- nerven = perdi

- Die direkten Objekte enden mit „en" (siehe die Verwendung von Lehrer und Bibliothekar als Objekt und Subjekt).

- Satzbau

  o Subjekt + Verb (erstes Wort)

  o Objekt + „en" oder Adverb (zweites Wort).

Hinweis:

Die Bottom-Up-Methode setzt voraus, dass Du mit Ungewissheit umgehen kannst. Du triffst Deine Entscheidungen basierend auf jenen Dingen, von denen Du weisst, dass sie falsch sind, anstatt zu ermitteln, wie die richtige Antwort lautet. Diese Methode ermöglicht jedoch ein schnelles Lösen der Fragen und das ist in diesem Untertest sehr wichtig.

 BEISPIEL 11

„Der Schüler nervt den Bibliothekar" heißt in der fremden Sprache:

(A) saniixundi saot

(B) saniiperdi kazmen

(C) saniixansch kazmen

(D) saniiperdi xundien

Wir können sehen, dass alle Antworten mit „sanii" beginnen, was wahrscheinlich „der Schüler" heißt. Damit wir das nicht vergessen, aktualisieren wir gleich unsere Liste der uns bekannten Regeln.

Wir suchen in den Antwortmöglichkeiten nach dem Verb „perdi" (= nerven) und finden so heraus, dass „saniiperdi" das erste Wort sein muss. Die Optionen A und C können ausgeschlossen werden.

Außerdem wissen wir, dass „der Bibliothekar" „kazm" heißt. Daher muss das zweite Wort „kazm + en" lauten.

Die richtige Antwort ist somit B.

Zusammenfassend wissen wir Folgendes und aktualisieren unsere Liste entsprechend:

- der Lehrer   =   mite
- spricht   =   koppo
- der Bibliothekar   =   kazm
- laut   =   mät
- anrufen   =   xansch
- der Besucher   =   xundi
- nerven   =   perdi
- der Schüler   =   sanii
- Die direkten Objekte enden mit „en" (siehe die Verwendung von Lehrer und Bibliothekar als Objekt und Subjekt).
- Satzbau
  - Subjekt + Verb (erstes Wort)
  - Objekt + „en" oder Adverb (zweites Wort).

 BEISPIEL 12

„Der Besucher spricht schnell und laut mit dem Bibliothekar." heißt in der fremden Sprache:

(A) xundikappo kazmsaot mat

(B) xundiperdi saot mat

(C) xundikoppo kazmmät saot

(D) xundiperdi kazmsaotmat

Basierend auf der Frage und unseren bisherigen Erkenntnissen wissen wir, dass die folgenden Wörter im endgültigen Satz enthalten sein müssen:

Der Besucher spricht schnell und laut mit dem Bibliothekar.

xundi koppo ... ... mät .... kazm → Die Wörter werden nicht in der richtigen Reihenfolge stehen, an dieser Stelle listen wir einfach nur die richtigen Vokabeln auf.

Wenn wir uns die Antworten ansehen, bemerken wir, dass nur Antwort C diese Voraussetzungen erfüllt.

Beachte, dass einige Antwortmöglichkeiten das Wort „mat" enthalten – wir suchen aber das Wort „mät", also ein Wort mit Umlaut. Wir gehen davon aus, dass derartige Fälle (in denen die leicht zu verwechselnden Umlaute ä, ö und ü verwendet werden) in der Prüfung vorkommen, um Deine Konzentration zu testen.

Wir wissen immer noch nicht, was „und" oder „mit" in der fiktiven Sprache heißt. Doch diese Wörter müssen wir für die Lösung auch gar nicht kennen. Da Du nur wenig Zeit hast, kannst Du schnell zur nächsten Frage wechseln.

Falls Du wissen möchtest, weshalb C die richtige Antwort ist, sieh Dir Aussage (III) an. Wir wissen, dass das zweite Wort das Adverb ist – in diesem Fall heißt „schnell" „saot".

Jetzt musst Du die Antwortmöglichkeiten A und C miteinander vergleichen. Wir wissen zwar nicht, was „mit" heißt, wenn wir aber A mit C abgleichen, merken wir, dass in der fiktiven Sprache Präpositionen vermieden werden. Das scheint eine unrealistische Regel zu sein, denke aber daran, dass es sich um eine fiktive und stark vereinfachte Sprache handelt.

Beim Vergleich der beiden Antwortmöglichkeiten fällt auf, dass bei dem Wort „mat" aus Antwortmöglichkeit A der Umlaut fehlt.

Daher sieht der Satzbau der komplexen Sprache wie folgt aus:

- Erstes Wort: Subjekt + Verb
- Zweites Wort: Objekt + erstes Adverb ODER direktes Objekt + „en"
- Drittes Wort: zweites Adverb
- Präpositionen gibt es nicht

Wie Du siehst, funktioniert die Lösung, vor allem für schwierige Fragen, schneller über die Bottom-Up-Methode als über die Top-Down-Methode. Dennoch hat die Methode ihre

Schwächen. Bei einigen Fragen kannst Du vielleicht nicht alle 3 Antwortmöglichkeiten ausschließen und musst somit raten oder genauer nachdenken, um die entscheidende Regel zu ermitteln. Außerdem darfst Du kein Problem damit haben, Fragen nach dem Ausschlussverfahren und nicht auf der Basis präzisen Wissens zu beantworten.

SPEZIELLE AUFGABENTYPEN

In dieser Sektion gibt es verschiedene Aufgabentypen bzw. Spracharten, die auf den ersten Blick erst einmal sehr ungewöhnlich sind. Einige werden wir in diesem Abschnitt kurz erklären.

Passiv/ Aktiv

Im Deutschen gibt es einen Unterschied zwischen Aktiv/ Passiv. (Das Pferd tritt den Jungen = aktiv; Der Junge wird vom Pferd getreten = passiv). Es kann sein, dass in der fremden Sprache Passiv/ Aktiv auf verschiedene Weisen dargestellt wird.

 BEISPIEL 13

Tekilueb lide	=	Der Ball wird getreten.
samcüq tekix	=	Der Hund liebt den Ball.
petizän ledö	=	Die Frau arbeitet schnell.
allenlueb petix	=	Das Pferd tritt die Frau.

"Die Frau tritt den Hund und den Jungen" heißt in der fremden Sprache:

(A) petilüb samx og magux

(B) allenlüb tekix og cüq petix

(C) Petilüb samx og magux

(D) petilüb allen og peticüq teki

Antwort: A

Wenn wir uns hier Antworten A und C ansehen, so werden wir feststellen, dass sich diese nur durch Klein- bzw. Großschreibung unterscheiden. Dabei weist Großschreibung auf Passiv (Ball wird getreten) und Kleinschreibung auf Aktiv (Frau tritt) hin.

Sehen wir uns zum besseren Verständnis diesen Fragetypes noch eine weitere Frage an.

BEISPIEL 14

yoxohli zö	=	sie sang
yoxohlu zu	=	ich habe gesungen
yotoli zö	=	sie wurde gemalt
yoxohle zu	=	ich singe

„Ich male" heißt in der fremden Sprache:

(A) yotole zu

(B) yoxohlu ze

(C) yotoli zö

(D) yotohle zu

Antwort: D

Auch bei dieser Aufgabe muss man den Unterschied zwischen Passiv und Aktiv beachten, und zwar wird bei aktiven Worten ein „h" angehängt, während dies bei passiven nicht geschieht. Deshalb ist Antwort D, und nicht Antwort A, korrekt.

Plural/ Singular

Im Deutschen gibt es einen Unterschied zwischen Singular (= Einzahl) und Plural (= Mehrzahl). Dieser Unterschied kann auf verschiedene Weisen in der fremden Sprache dargestellt werden.

Sehen wir uns ein Beispiel an:

BEISPIEL 15

tonün uzompa	=	Das Pferd rennt gerne.
zikön lopa	=	Der Hund wird rennen.
ütpa paut zikön	=	Rennt der Hund viel?
ütlomea uzom xüqe	=	Werden die Kinder gerne schlafen?

„Die Kinder rennen oft und schlafen wenig." heißt in der fremden Sprache:

(A) xüqen pautpa fo guomea

(B) xüqe pautpa fo guomea

(C) ütomea naütpa xüqe

(D) pautlopa lonaümea xüqe

Antwort: B

Wenn wir uns Antwort A ansehen, ist diese identisch, bis auf das „n" hinter xüqe. Wenn wir uns die Sätze oben ansehen, können wir feststellen, dass bei Worten im Singular ein „n" angehängt wird, während dies bei Wörtern im Plural nicht der Fall ist. Bei Fragen wie diesen ist es sehr wichtig, aufmerksam zu lesen, denn in den meisten Sprachen wird an den Singular etwas angehängt, um ein Wort im Plural zu bilden – hier ist es anders herum. Wenn an die Wörter im Plural (z.B. xüqe = Kinder) ein „n" angehängt wird, entsteht Singular (xüqen = das Kind).

DAS AUSSCHLUSSVERFAHREN IST IN DIESEM ABSCHNITT SEHR WICHTIG

Dieser Abschnitt ist für viele Studierende sehr anstrengend, da er sich fast am Ende einer langen Prüfung befindet und gründliche Überlegungen voraussetzt. Der*die durchschnittliche Studierende beantwortet nur eine begrenzte Anzahl dieser Fragen richtig. Da Du aber im Vergleich zu den anderen Teilnehmer*innen bewertet wirst, verbessert jede richtige Antwort Dein Resultat. Antworten auszuschließen, kann daher eine wirkungsvolle Strategie für diesen Abschnitt sein.

Du kannst die falschen Antworten teilweise oder vollständig eliminieren, ohne die Sätze in voller Gänze zu entschlüsseln. Wann macht das Sinn?

- Du hast etwas mehr als 2 Minuten pro Frage. Falls die Zeit vorüber ist und Du nicht weiterweißt, denke darüber nach, falsche Antworten auszuschließen und fortzufahren.

- Falls Du sehr müde bist und Dich nicht mehr konzentrieren kannst, solltest Du ebenfalls über diese Vorgehensweise nachdenken. Der Untertest „Sprachstrukturen erkennen" beginnt, nachdem Du bereits 4 Stunden lang andere Untertests absolviert hast. Außerdem finden die meisten Studierenden diesen Fragentyp sehr anstrengend. Falls Du keine Geduld mehr hast oder Dich nicht auf die Fragen konzentrieren kannst, solltest Du versuchen, falsche Antworten auszuschließen und zu raten. Das ist einfacher, als alle Regeln zu entschlüsseln.

Denke immer daran:

- Falls Du eine Frage auslässt, beträgt die Wahrscheinlichkeit, dass Du sie richtig beantwortest, **0%**.

- Falls Du nach dem Zufallsprinzip aus 4 Antwortmöglichkeiten wählst, beträgt die Wahrscheinlichkeit für eine richtige Antwort **25%**.

- Falls Du 2 der 4 Antworten ausschließen kannst, erhöht sich die Wahrscheinlichkeit auf **50%**.

Lösen wir die Beispiele 5-9 also unter Verwendung des Ausschlussprinzips. So findest Du heraus, ob diese Methode für Dich effizienter und effektiver funktioniert als die Top-Down-Methode.

BEISPIEL 16-20

(I)	zanatlulu autim	=	Der Junge füttert die Katze.
(II)	uduldieda lulum	=	Das Mädchen ruft den Jungen an.
(III)	zanatnana krabim	=	Die Mutter füttert die Kinder.
(IV)	aidilsuka nanam	=	Der Nachbar besucht die Mutter.

Auf Grundlage der sich wiederholenden Wörter können wir bereits einige Regeln ausmachen. Schreib sie Dir sofort auf, denn es ist nicht ganz einfach, diese Fragen zu beantworten.

- Junge   =   lulu
- füttert   =   zanat
- Mutter   =   nana
- Satzbau: v + s (erstes Wort), o + „m" (zweites Wort)

Nun schauen wir uns an, wie viele falsche Antworten wir bereits eliminieren können. Du wirst feststellen, dass das Ausschlussverfahren wesentlich schneller funktioniert als die detaillierte Analyse der Top-Down-Methode. Daher ist dieses Verfahren sehr wertvoll, wenn die Zeit knapp wird.

BEISPIEL 16

„Das Mädchen besucht die Katze" heißt in der fremden Sprache:

(A) luluzanat auti

(B) aildildieda autim

(C) udulsuka nana

(D) aidildiedam auti

In Beispiel 5 merken wir schnell, dass wir A, C und D eliminieren können, da das Objekt nicht mit einem „m" endet. Die Antwort muss B sein.

BEISPIEL 17

„Der Nachbar ruft die Kinder an" heißt in der fremden Sprache:

(A) udulsuka krabim

(B) aidilnana dieda

(C) aidilsuka krabi

(D) udulsukam krabim

Auch in Beispiel 6 können wir B und C eliminieren, da das Objekt nicht mit einem „m" endet.

B kann auch schon deshalb eliminiert werden, da das Wort „nana" (= die Mutter) enthalten ist und „Mutter" im deutschen Satz nicht vorkommt.

Jetzt kannst Du zwischen A und D raten – die Wahrscheinlichkeit für eine richtige Antwort beträgt also 50%.

BEISPIEL 18

„Der Junge besucht das Mädchen" heißt in der fremden Sprache:

(A) aidiludul autim

(B) zanatlulu diedam

(C) aidillulu diedam

(D) zanatlulu dieda

In Beispiel 7 können wir recht zügig A und D eliminieren, da in diesen beiden Antwortmöglichkeiten das Wort „lulu" (= der Junge) fehlt.

B kann ausgeschlossen werden, da „zanat" „füttert" bedeutet und dieses Verb im deutschen Satz nicht enthalten ist. Die Antwort lautet folglich C.

BEISPIEL 19

„Der Nachbar füttert die Kinder und die Katze." heißt in der fremden Sprache:

(A) zanatlulu autim diedam

(B) zanatsuka autim

(C) zanatlulu krabi auti

(D) zanatsuka krabimsautim

In Beispiel 8 können wir C direkt eliminieren, da das Objekt nicht mit einem „m" endet.

A und C können ausgeschlossen werden, da das Wort „lulu" (= der Junge) nicht im Satz enthalten sein darf.

Jetzt musst Du zwischen B und D raten – die Wahrscheinlichkeit für eine richtige Antwort beträgt also 50%.

BEISPIEL 20

„Die Mutter besucht den Nachbarn." heißt in der fremden Sprache:

(A) zanatnana sukam

(B) aidilnana sukam

(C) zanatsuka nanam

(D) aidilsuka krabim

C und D können wir ausschließen, da sich „nana" (= die Mutter) nicht am Ende des ersten Worts befindet.

A kann eliminiert werden, da „zanat" (= füttert) nicht im Satz enthalten sein darf. Die richtige Antwort ist B.

ÜBUNGSAUFGABEN

Du hast bei der Zulassungsprüfung insgesamt **50 Minuten** Zeit, um die **22 Fragen** des Abschnitts „Sprachenstrukturen erkennen" zu beantworten.

PRÜFUNG 1

Für 1.1. und 1.2.

lotea	=	ich komme
sakua	=	ich ging
lotue	=	er kam

1.1.   „Wir gingen" heißt in der fremden Sprache:

(A) sakuan

(B) lotean

(C) sakua

(D) satea

1.2. „Er fährt" heißt in der fremden Sprache:

(A) satue

(B) sakee

(C) sakea

(D) lotae

Für 1.3. und 1.4.

yllömzemko	=	Ich sprang.
llünzimku	=	Er spielt.
yllömzutko	=	Wir werden springen.
yllömzitke	=	Ihr springt.
llünzetku	=	Sie spielten.

1.3. „Du springst" heißt in der fremden Sprache:

    (A) yllömzimke

    (B) yllömzemke

    (C) llünzimke

    (D) yllömzitke

1.4. „Sie wird spielen" heißt in der fremden Sprache:

    (A) llünzumkü

    (B) llünzutku

    (C) yllömzimkü

    (D) llünzemkü

Für 1.5. und 1.6.

tekizän lide	=	Das Mädchen arbeitet sorgfältig.
samcüq tekix	=	Der Hund liebt das Mädchen.
petizän ledö	=	Die Frau arbeitet schnell.
allenlüb petix	=	Das Pferd mag die Frau.

1.5. „Der Junge arbeitet vorsichtig, aber schnell" heißt in der fremden Sprache:

(A) maguzän lide op ledö

(B) magulüb lide op ledö

(C) magucüq lide op

(D) maguzän lide op peti

1.6. „Die Frau mag das Pferd und das Mädchen mag die Frau" heißt in der fremden Sprache:

(A) petizän lüb og tekilüb peti

(B) petilüb allenx og tekilüb petix

(C) teki og petix zänlüb

(D) peticüq zäni og tekicüq petix

Für 1.7. und 1.8.

köpuzynü taneröqi   =   ich verstehe

löquryxü napeqezi   =   sie bestätigt

köpuzynü napeqezi =   sie versteht

1.7.   „Sie weiß" heißt in der fremden Sprache:

      (A) taneröqi köpuzynü

      (B) napeqezi coruzenu

      (C) löquryxü taneröqi

      (D) cornzenu napeqezi

1.8.   „Ich verstehe und bestätige" heißt in der fremden Sprache:

      (A) köpuzynülalelöquryxü taneröqi

      (B) taneröqi köpuzynülalelöqu ryxü

      (C) napeqezi köpuzynülalelöquryxü

      (D) köpuzynülaleköpuzjnü taneröqi

Für 1.9. und 1.10.

dalepikrytü	=	sie reden
duluminrytü	=	ich telefonierte
dalupiknöky	=	sie redet
dolebidrytü	=	ihr werdet telefonieren
daleminnöky	=	sie redeten

1.9. „Du telefonierst" heißt in der fremden Sprache:

(A) dolupikrytü

(B) dalupiknöky

(C) doluminrytü

(D) dolebikrytü

1.10. „Wir werden reden" heißt in der fremden Sprache:

(A) dulebidnöky

(B) dolebidnöky

(C) duleminnöky

(D) dulebidrytü

Für 1.11. und 1.12.

yoxoli zö	=	sie sang
yoxolu zu	=	ich habe gesungen
yotoli zö	=	sie malte
yoxole zu	=	ich singe

1.11. „Du hast gesungen" heißt in der fremden Sprache:

    (A) yoxolu zo

    (B) yotolu zo

    (C) yoxolu zö

    (D) yoxole zö

1.12. „Singt sie oder singe ich?" heißt in der fremden Sprache:

    (A) zö yoxole co zu yoxole

    (B) zutukile co zu yoxole rom

    (C) zö yoxole co yoxole

    (D) zö tukilu co tukile zö

Für 1.13. und 1.14.

strutosvimi	=	Er spielte Gitarre.
kopiahsvise	=	Ich spiele Klavier.
seriahpehbu	=	Ich werde Lieder singen.
viehpehse	=	Ihr singt.
sertiehpehmi	=	Sie sangen Lieder.

1.13. „Sie singt und er spielt Klavier" heißt in der fremden Sprache:

(A) koptopeh tiahpehmi

(B) tiahpehbu koptosvise

(C) tiahpehse koptosvise

(D) tiahtopehkopse

1.14. „Sie werden Gitarre spielen" heißt in der fremden Sprache:

(A) strutiehpehbu

(B) tiehstrusvibu

(C) strutiehsvibu

(D) strutiehsvise

Für 1.15. und 1.16.

koto lemüx	=	Der Mann arbeitet immer.
kata qilem	=	Die Männer werden arbeiten.
loso qilemu	=	Der Junge wird nie arbeiten.
lemu kata	=	Arbeiten die Männer nie?
qipenüx fala	=	Werden die Schüler immer lernen?

1.15. „Arbeitet der Mann selten?" heißt in der fremden Sprache:

(A) koto zölem

(B) lemax koto

(C) qilemzö kota

(D) koto qiüxlem

1.16. „Werden die Studenten nie arbeiten?" heißt in der fremden Sprache:

(A) lemüx na üxlem fala

(B) qilemu fala

(C) fala zölem na üxlem

(D) lemzö na zölem fala

Für 1.17. und 1.18.

loponconotipi	=	ich saß
lepancanocatope	=	ihr steht
loponconocotipi	=	wir saßen
lepancenocetapu	=	sie werden stehen
loponcanotope	=	du sitzt

1.17. „Sie saßen" heißt in der fremden Sprache:

(A) loponcenotipi

(B) loponcenocetipi

(C) loponcanocetipi

(D) loponcenocetope

1.18. „Er wird stehen" heißt in der fremden Sprache:

(A) lepancenocatapu

(B) loponcenocatapu

(C) lepancenotope

(D) lepancenocatope

Für 1.19. und 1.20.

bekatalaxono	=	Das Mädchen kauft Kuchen.
talacomenaxe	=	Die Katze sieht das Mädchen.
lepovapexono	=	Die Frau kauft eine Zeitung.
vapelipunexi	=	Der Mann liebt die Frau.

1.19. „Der Mann liest ein Buch" heißt in der fremden Sprache:

(A) lopixunelipu

(B) lopilipuxune

(C) lipulopixune

(D) lipulipuxune

1.20. „Die Katze liebt den Ball" heißt in der fremden Sprache:

(A) zonitalanexi

(B) zonitalacome

(C) zonicomenexi

(D) zoninexicome

Für 1.21. und 1.22.

sazöttebotuquna riresa	=	Ich lese die Leserbriefe.
abnixolümyna dirusa	=	Liest sie gerne Romane?
sazöttegeru sazöttenupile	=	Der Leser beantwortet das Schreiben.
absazöttebotoquna cappe	=	Sind die Leserbriefe deine?

1.21. „Der Leser liest gerne die Leserbriefe" heißt in der fremden Sprache:

    (A) sazöttebotoquna sattözenusa proqü

    (B) sazöttetoboquno sazöttenusa proqü

    (C) sazöttebotoquno sazöttenusa cappe

    (D) sazöttebotoquna sazöttenusa proqü

1.22. „Beantwortest du gerne kurze Leserbriefe?" heißt in der fremden Sprache:

    (A) absazöttebotoquna syme xüxepile proqü

    (B) sazöttebotoquna syme xüxepile proqü

    (C) absazöttebotoquna syme xüxerire proqü

    (D) abnixolümyna syme xüxepile xüxeno

PRÜFUNG 2

Für 2.1. und 2.2.

thechai   =   Ich schloss.

thecheu   =   Er schließt.

culxoi   =   Ich beschuldige.

2.1.   **„Er beschuldigte" heißt in der fremden Sprache:**

   (A)   culxoeu

   (B)   culxoieu

   (C)   thechaeu

   (D)   culxoaeu

2.2.   **„Sie schließen" heißt in der fremden Sprache:**

   (A) culxeu

   (B) thechet

   (C) thechi

   (D) thechaet

Für 2.3. und 2.4.

leötokuzy	=	ich schrieb
löetokö	=	er liest
leötoko	=	du schreibst
löetokämi	=	sie werden lesen
leötokü	=	wir schreiben

2.3. **„Er wird lesen" heißt in der fremden Sprache:**

    (A)   leötokäzy

    (B)   löetokö

    (C)   löetokömi

    (D)   leötokami

2.4. **„Sie schrieben" heißt in der fremden Sprache:**

    (A)   leötokäzy

    (B)   löetokami

    (C)   leötokazy

    (D)   leotokäzy

Für 2.5. und 2.6.

dalepikrytü   =   sie reden

duluminrytü   =   ich telefonierte

dalupiknöky   =   sie redet

dolebidrytü =   ihr werdet telefonieren

daleminnöky   =   sie redeten

2.5.   „Ich rede" heißt in der fremden Sprache:

   (A)   dulepiknöky

   (B)   dulubidrytü

   (C)   dulupiknöky

   (D)   doleminnöky

2.6.   „Du telefoniertest und du redetest" heißt in der fremden Sprache:

   (A)   doluminrytü doluminnökyba

   (B)   daluminnöky doluminrytuba

   (C)   dolupiknöky daluminrytüba

   (D)   doleminrytü doluminrytuba

Für 2.7. und 2.8.

ko narux	=	Sie schwimmt regelmäßig.
te zynorux	=	Du wirst viel schwimmen.
li zyrux	=	Ihr werdet schwimmen.
zynamot tu	=	Werde ich regelmäßig tanzen?
lörux li	=	Schwimmt ihr öfters?

2.7. „Ich schwimme viel" heißt in der fremden Sprache:

(A)   tu norux

(B)   te norux

(C)   narux tu

(D)   ko norux

2.8. „Wird er öfters schwimmen?" heißt in der fremden Sprache:

(A) zynarux ka

(B) li lörux ka

(C) zylörux ka

(D) ka zynarux

Für 2.9. und 2.10.

ketlinmi mule ilem	=	die Frau ist jung
ketlomni liop kitmoil oulem	=	der Mann liest das Buch gerne
ketlinmo elko ilem	=	die Oma ist alt
kitmoil meil ilem	=	das Buch ist schön

2.9. **„Die Oma ist jung" heißt in der fremden Sprache:**

  (A)   ketlinmo elko ilem

  (B)   mule ketlinmo elko

  (C)   ketlinmo mule ilem

  (D)   ketloimo ilem mule

2.10. **„Die Frau mag die Blume" heißt in der fremden Sprache:**

  (A)   ketlinmi ketloimo ilem

  (B)   ketloimo meil ketlinmi opi

  (C)   ketlinmi meil ketloimo ilem

  (D)   ketlinmi ketloimo opi

Für 2.11. und 2.12.

mulkamörz	=	Die Tochter kocht.
nemguleng tolo mörzxe	=	Der Vater fragt seine Tochter.
mulkugümp rak	=	Der Freund kocht gerne.
laczuram tolo gümpxe	=	Der Nachbar besucht seinen Freund.

2.11. „Der Vater kocht selten" heißt in der fremden Sprache:

    (A)   mulkuleng pat

    (B)   nokungaleng lanzu

    (C)   mulkunokung lengxe

    (D)   malkuleng nokungxe

2.12. „Die Nachbarin fragt ihre Freundin" heißt in der fremden Sprache:

    (A) nemguleng tolo gümp

    (B) laczaram tolo ramxe

    (C) nemguram tolo gümpxe

    (D) nemgaram tolo gümpxe

Für 2.13. und 2.14.

Tholatifolkj ĕ pĕg hush	=	Der Assistent trägt seine Tasche.
Humdparau ã	=	Der Affe hat gegessen.
Creschmirun ĕ volef	=	Der Professor berät den Student.
Tholatiĕdparau ĕr pĕgt bogal	=	Die Assistenten essen ihr Essen.

2.13. „Die Studenten tragen ihre Taschen" heißt in der fremden Sprache:

(A)   volefĕdfolkj ĕr pĕgt hushĕd

(B)   volefĕdfolkj ĕ pĕgt hushĕd

(C)   volefĕdmoĕdal ãr pĕgt hushĕd

(D)   volefĕdfolkj ĕr pĕgt hush

2.14. „Die Professoren haben ihr Mittagessen gegessen" heißt in der fremden Sprache:

(A)   paraumirun ĕr pĕgt bogal

(B)   creschĕdparau ãr pĕgt dugal

(C)   creschparau ãr pĕgt dugal

(D)   creschĕdparau ã pĕgt bogal

Für 2.15. und 2.16.

Sørtuk pal	=	Das Buch gehört dem Vater.
Lÿndboi fihyü	=	Der Student redet mit dem Forscher.
Paarfih maitsu	=	Der Forscher steht auf einem Berg.
Sørmun pø boi	=	Das Land gehörte dem Studenten.

2.15. „Der Vater redete mit dem Studenten" heißt in der fremden Sprache:

    (A)   Lÿndpal boiyü

    (B)   Lÿndpal pø boisu

    (C)   Paarpal pø boiÿu

    (D)   Lÿndpal pø boiÿu

2.16. „Der Stift gehört dem Forscher" heißt in der fremden Sprache:

    (A) Sørtaki fih

    (B) Sørtaki fihyü

    (C) Sørtaki pø fihyü

    (D) Sørtuk fih

Für 2.17. und 2.18.

sosdslutelv   =   Die Nachbarin hört Musik.

pozkarnamsosd   =   Der Feuerwehrmann findet die Nachbarin.

pozgorgovt   =   Das Feuer brennt in der Küche.

pozkarspazel   =   Der Feuerwehrmann rettet die Frau.

2.17. „Der Feuerwehrmann hört Nachrichten" heißt in der fremden Sprache:

(A)   pozsluzel

(B)   pozkarslusotel

(C)   pozkarnamsotel

(D)   sotelslupozkar

2.18. „Die Frau findet das Feuer in der Küche" heißt in der fremden Sprache:

(A) zelnampozgor

(B) zelnampozgovt

(C) zelnamsosdgovt

(D) zelspapozgor

Für 2.19. und 2.20.

Kaluxehyt mudio	=	Der Ingenieur bewirbt sich auf den Job.
Waqxegyl bavhy	=	Die Kinder warten auf den Bus.
Kolaqehout gyly	=	Die Busse fahren in die Stadt.
Waqxezipy gyl	=	Der Bus wartet auf die Passagiere.

2.19. „Das Kind fährt in der Stadt in den Tunnel" heißt in der fremden Sprache:

(A)   Kolaqehout qebudr bavh

(B)   Kolaqehout qebudr bavhy

(C)   Kolaxehout qebudr bavh

(D)   Kaluqehout qebudr bavh

2.20. „Die Anwälte warten auf das Urteil" heißt in der fremden Sprache:

(A) Waqxekäbsy jänf

(B) Waqaxejänfy käbsy

(C) Waqaxekäbs jänfy

(D) Waqaqekäbs jänf

Für 2.21. und 2.22.

zonzy naniküry toni	=	Der Dozent liest seine Bücher.
lemdy xomxy soma	=	Der Mann kannte den Studenten.
zonzy xomxyry goma	=	Der Dozent begrüßte seinen Studenten.
vency zonzu goni	=	Der Hund mag die Dozentin.

2.21. „Der Dozent mag seine Bücher" heißt in der fremden Sprache:

    (A)   vency zonzry goni

    (B)   zonzy naniküry goni

    (C)   zonzy naniküru goma

    (D)   zonzy naniküry gona

2.22. „Die Dozentin erklärte ihrer Studentin die Aufgabe" heißt in der fremden Sprache:

    (A)   zonzy xomxyry sibtil opula

    (B)   zonzy xomxyry sibtil tona

    (C)   zonzu xomxury sibtil opula

    (D)   zonzu xomxury nanikü opula

Für 3.1. und 3.2.

atfasho asmug	=	Er springt über die Pfütze.
animachi usmug	=	Sie läuft durch die Pfütze.
atfasohi ohun	=	Sie sprang in das Wasser.

3.1. **„Er lief in die Pfütze" heißt in der fremden Sprache:**

(A) animacohi ahun

(B) animacoho osmug

(C) animacoho asmug

(D) atfasoho osmug

3.2. **„Sie springt über das Wasser" heißt in der fremden Sprache:**

(A) atfasohi ohun

(B) atfashi asmug

(C) animacoho ahun

(D) atfashi ahun

Für 3.3. und 3.4.

Stured	=	Du lernst.
Gre betroufe	=	Er schrieb schlecht.
Lople fillafe	=	Er hört aufmerksam zu.
Betroed	=	Du schreibst.

3.3. „Du schreibst und er lernt" heißt in der fremden Sprache:

(A) Betroed und sturfe

(B) Betroed und sturufe

(C) Betrofe und sturlu

(D) Betroued und sturufe

3.4. „Er lernte effektiv" heißt in der fremden Sprache:

(A) Amimi sturfe

(B) Lople stured

(C) Krini sturufe

(D) Gre sturufed

Für 3.5. und 3.6.

ale ondopcom	=	Sie kauft.
ale ondiriggoro	=	Sie fährt und isst.
somat ondenev	=	Wir verkaufen.

3.5.   „Wir kaufen und verkaufen" heißt in der fremden Sprache:

(A) somat ondopcom e ondirig

(B) somat ondopcomondenev

(C) somat ondopcom e ondenev

(D) somat ondopconondenev

3.6.   „Er isst" heißt in der fremden Sprache:

(A) al ondirig

(B) ole ondiriggoro

(C) ale goro

(D) somat goro

Für 3.7. und 3.8.

Thopuki milanoeluth	=	Der Journalist schreibt zu dem Magazin.
Pichka paritlemanku	=	Der Bettler sprach mit dem reichen Mann.
Manku vedanosulaki	=	Der reiche Mann fährt zur Arbeit.
Dusah parilearis	=	Der Fahrer spricht mit dem Passagier.

3.7.   „Der Fahrer fuhr zu der Bushaltestelle" heißt in der fremden Sprache:

(A) Dusah vedatnoaris

(B) Dusah vedamlelupasi

(C) Dusah vedatnolupasi

(D) Dusah vedatlelupasi

3.8.   „Das Magazin schrieb über den Bettler" heißt in der fremden Sprache:

(A) Pichka milahieluth

(B) Eluth milahipichka

(C) Pichka milahiteluth

(D) Eluth milathipichka

Für 3.9 und 3.10

Loorm vi hut	=	Sie bezahlt die Rechnung.
vram xo histrq	=	Er lief einen Marathon.
Vram ze Histrq a kerz	=	Wir laufen Marathons im Park.
loorm vi gee Ooje	=	Sie bezahlte für die Lebensmittel.

3.9. „Wir bezahlen unsere Steuern" heißt in der fremden Sprache:

(A) Vram vi Rettn

(B) Loorm vi Rettn

(C) loorm ze Rettn

(D) Loorm ze Rettn

3.10. „Ich kaufte die Kleider" heißt in der fremden Sprache:

(A) Dreep yo Juuj

(B) dreep ye Juuj

(C) Dreep ya juuj

(D) dreep yu juuj

Für 3.11 und 3.12

Ejaret dunaso orapasa	=	Der Passagier trägt den Anzug.
Orapasa nogiado lopit	=	Der Pilot führte den Passagier.
Madiner nogiad rujem	=	Die Frau führt ihren Mann.
Soraper dolavi madin	=	Der Mann wäscht seine Kleidung.

3.11. „Der Pilot wusch seinen Anzug" heißt in der fremden Sprache:

    (A) Ejareter dolavi lopit

    (B) Ejaret dolavio lopit

    (C) Ejareter dolavio lopit

    (D) Lopit dolavio Ejareter

3.12. „Die Frau trug ihren Ring" heißt in der fremden Sprache:

    (A) Inrger dunasoo rujem

    (B) Inrg dunasoo rujem

    (C) Inrg dunas rujem

    (D) Inrger dunaso rujem

Für 3.13 und 3.14

muumhahegci   =   Ich tanze glücklich.

krokbisnehcali   =   Wir lachen laut.

bishegc   =   Wir tanzten.

3.13. „Er lacht" heißt in der fremden Sprache:

(A) renehcal

(B) reknehcali

(C) rehegci

(D) hanehcali

3.14. „Ich tanzte leidenschaftlich" heißt in der fremden Sprache:

(A) amohahegci

(B) rehegciamo

(C) amohahegc

(D) haamohegc

Für 3.15 und 3.16

liNemas peral toutin	=	Der Lehrer sah vorsichtig.
meelachiproskily weran	=	Der Vater stellt seine Freunde vor.
liJomade thanski	=	Der Priester fragte.
nemascodamn lesturay	=	Der Ladenbesitzer sieht den Kunden.

3.15. „Der Kunde fragt den Vater" heißt in der fremden Sprache:

(A) jomadeweran codamn

(B) nemascodamn weran

(C) lijomadeweran codamn

(D) jomadecodamn weran

3.16. „Der Pfarrer stellte den Lehrer bereitwillig vor" heißt in der fremden Sprache:

(A) ilMeelatoutin thanski veert

(B) meelathankski peral veert

(C) ilMeelahperal veertthanski

(D) ilMeelatoutin veert thanski

Für 3.17 und 3.18

dertwe beeem hoolp?	=	Sie will nicht essen.
goolp beeem fruul.	=	Sie muss gehen.
Dertwe remee ka.	=	Willst du anhalten?

3.17. "Ich will gehen" heißt in der fremden Sprache:

    (A) dertwe leeme fruul.

    (B) Dertwe leeme fruul.

    (C) dertwe leeme fruul?

    (D) Dertwe leeme goolp?

3.18. "Du musst nicht essen oder anhalten" heißt in der fremden Sprache:

    (A) dertwe remee hoolp vi ka.

    (B) Dertwe remee hoolp vi ka?

    (C) Goolp remee hoolp vi ka.

    (D) goolp remee hoolp vi ka?

Für 3.19 und 3.20

bliimtritmi	=	Ich werde schnell rennen.
bliimrorsi oov-jipper	=	Sie wird ihren fetten Hund schnell baden.
yurpTRITdi	=	Er rennt langsam.
vickBLOrum-jipper	=	Der große Hund wird plötzlich herunterfallen.

3.19. „Die fette Katze rennt plötzlich davon" heißt in der fremden Sprache:

(A) oovTRIT vick-floop

(B) vickTRIToov-floop

(C) bliimtrit rum-floop

(D) vicktrit oov-jipper

3.20. „Ich bade meinen hässlichen Hund langsam" heißt in der fremden Sprache:

(A) plorormi yurpjipper

(B) yurpRORmi plojipper

(C) yurpRORmi plo-jipper

(D) yurprormi plo-jipper

Für 3.21 und 3.22

Mada inisampaveran!	=	Der Mann wird über die Bank klettern.
Tergom regorpohuply	=	Der Lehrer kommt aus dem Haus.
Ammai kadelpolumani!	=	Die Mutter wird aus dem Laden kommen.
Tergom rutkelpelumani	=	Der Lehrer kommt zu der Vorlesung.

3.21. „Der Mann geht zu dem Haus" heißt in der fremden Sprache: zu

(A) Mada kadelpehuply

(B) Regor madapelumani

(C) Mada regorpehuply

(D) Mada regorpolumani

3.22. „Die Mutter wird aus dem Laden treten" heißt in der fremden Sprache:

(A) Ammai kadelpodonty!

(B) Ammai kadelpolumani

(C) Ammai regorpobosntsi!

(D) Ammai kadelporengri

PRÜFUNG 4

Für 4.1 und 4.2

onlitle   =   sie liest

sirvela   =   er gibt

ennodle   =   sie schreibt

onlitoola   =   er liest

4.1.   „Er liest und schreibt" heißt in der fremden Sprache:

(A) onlitla ur enodla

(B) ennodla ur sirvale

(C) onlitle ur ennodle

(D) onlitla ur ennodla

4.2.   „Sie gibt und er schrieb" heißt in der fremden Sprache:

(A) sirvele ur ennodla

(B) sirveoola ur ennodle

(C) sirvele ur ennodoola

(D) sirveoole ur ennodoole

Für 4.3 und 4.4

Halapte	=	Ich lehrte.
senehcal	=	Sie lacht.
guuselapte	=	Sie lehrt gerne.

4.3. **„Du lachst" heißt in der fremden Sprache:**

(A) Dunehcal

(B) dunehcal

(C) selapte

(D) Danehcal

4.4. **„Er lachte laut" heißt in der fremden Sprache:**

(A) Renehcaltrill

(B) trillrenehcal

(C) Trillrenehcal

(D) trillSenehcal

Für 4.5 und 4.6

Rellipjemeey de   =   ich spiele Spiele

Derivmeey hul   =   sie gewinnt das Spiel

Rellip des   =   sie spielen

4.5. „Sie gewinnen" heißt in der fremden Sprache:

(A) Deriv de

(B) Deriv des

(C) des Deriv

(D) Derivmeey des

4.6. „Er spielt Schach" heißt in der fremden Sprache:

(A) Relipjesmom de

(B) Relipsmoom hul

(C) Relipjesmoom fel

(D) Relipsmoom hel

Für 4.7 und 4.8

Kleelem hu tomtroop   =   Ich kenne die Antwort.

Kleeled si vejreemkrse   =   Sie kennt ein geheimes Passwort.

Juliped se tomjreem   =   Er flüstert das Geheimnis.

4.7. **„Ich flüstere eine Antwort" heißt in der fremden Sprache:**

    (A) Juliped hu tomtroop

    (B) Julip hu vetroop

    (C) Julipem hu vetroop

    (D) Juliped tom vetroop

4.8. **„Ich hörte das schmutzige Geheimnis" heißt in der fremden Sprache:**

    (A) Welem hu tomzertjreem

    (B) Welem hu zerttomjreem

    (C) Welem hu tomjreemzert

    (D) Welem hu vezertjreem

Für 4.9 und 4.10

fre jam	=	Sie rennt weg.
!fre jut kem	=	Er rannte gestern weg.
?hut ji kom	=	Morgen werde ich gehen.

4.9. „Sie geht" heißt in der fremden Sprache:

  (A) hut jam

  (B) !hut jut

  (C) ?hut jam

  (D) !hut jut

4.10. „Gestern weinte ich" heißt in der fremden Sprache:

  (A) ?vert ji kem

  (B) !vert ji kom

  (C) vert ji kom

  (D) !vert ji kem

Für 4.11 und 4.12

deBoran himDeWorta	=	Der Arzt trifft seinen Patienten.
deKruopl zoopideYaert	=	Die Katze leckte den Hund.
deYaert dinsdeGert	=	Der Hund kaut das Futter.
deRui dinsiDeBohrn	=	Das Kind kaute das Essen.

4.11. „Der Patient traf das Kind" heißt in der fremden Sprache:

(A) deRui himDeWorta

(B) deWorta himdeRui

(C) deWorta himiDeRui

(D) deWortahimideRui

4.12. „Das Kind leckt seine Katze" heißt in der fremden Sprache:

(A) deRui yoopiDeKrouple

(B) deRui yoopideKroupl

(C) deRui yoopDeKroupl

(D) deKroupl yoopdeRui

Für 4.13 und 4.14

Zeeefrop?	=	Sie ist nicht dankbar.
Joofrophugee	=	Er ist für ihn dankbar.
Kiblerr	=	Ich bin bekannt.
Blerrmuuhugzi	=	Bist du für das bekannt?

4.13. „Ist sie für das dankbar?" heißt in der fremden Sprache:

    (A) Zeeehugzi

    (B) Zeeefrophugzi

    (C) Fropzeeehugee?

    (D) Fropzeeehugzi

4.14. „Ich bin für ihn nicht zuständig" heißt in der fremden Sprache:

    (A) Pingbleerhugzi

    (B) Kipinghugee?

    (C) Pingkihugee?

    (D) Kipinghugzi

Für 4.15 und 4.16

Mötzboträ! eeveg	=	Er warf das Garn nach der Katze.
Tötmrumqew! ooweür	=	Die Kuh kickte das Heu auf den Jungen.
Veglup ootöt	=	Die Katze springt auf das Heu.

4.15. „Der Junge warf das Heu nach der Kuh" heißt in der fremden Sprache:

(A) Tötweürträ! oomrum

(B) Weürtötbot! eeqew

(C) Tötweurträ! eemrum

(D) Weürtötträ ooqew

4.16. „Er kickte das Garn auf die Katze" heißt in der fremden Sprache:

(A) Mötzboqew! ooveg

(B) Mötrumträ ooveg

(C) Mötzboqew ooveg

(D) Mötrumträ! Ooveg

Für 4.17 und 4.18

Mim weasbe a ifejen	=	Er wird die Bücher zurückgeben.
Jim hiala a cryr-fejen	=	Sie liest das blaue Buch.
di Mim weas a igued	=	Er gab die Autos zurück.
Wu gergbe free-yead	=	Ich werde rote Äpfel kaufen.

4.17. „Sie wird rote Bücher lesen" heißt in der fremden Sprache:

(A) Jim a free-ifejen hialabe

(B) Mim hiala free-fejen

(C) Jim cryr-fejen hiala

(D) Jim hialabe free-ifejen

4.18. „Sie kauften das blaue Auto" heißt in der fremden Sprache:

(A) Kip gerg cryr-igued

(B) di Kip gerg a cryr-gued

(C) di Kip cryr-gued gergbe

(D) Kip gerg a cryr-gued

Für 4.19 und 4.20

aa iiyy owoiiyy gga   =   Ich trinke meinen Kaffee schwarz.

qiqi iiyy ooguu   =   Ich laufe mit dem Hund.

oto eheh guueheh   =   Er erzieht seinen Hund.

4.19. „Sein Fahrrad ist schwarz" heißt in der fremden Sprache:

(A) ei reereeeheh gga

(B) aa reereeheh

(C) oto owoeheh aa

(D) eheh reereheh gga

4.20. „Mein T-Shirt mit seiner Hose" heißt in der fremden Sprache:

(A) yiyiiiyy oozeieiiyy

(B) iiyyyiyi uuehehzeie

(C) yiyiiiyy ooyeieeheh

(D) ehehyiyi aa yiyizeie

Für 4.21 und 4.22

dererbiblel vasas-ho	=	Mein enger Pullover passt perfekt.
fqeewlel vasas ? ror itjexet	=	Meine Jeans passt, weil sie gerissen ist.
lel junic-weaa ? rer wooo	=	Ich singe fröhlich, weil sie gegangen ist.
dererdooprer jexet-imp	=	Ihr hässlicher Pullover reißt plötzlich.

4.21. Wenn „lachen" mit „jeedee" übersetzt werden kann, dann heißt „sie lacht, weil ich plötzlich gesungen habe" in der fremden Sprache:

(A) rer jeedee ? rer junic-weaa

(B) rer jeedee ? lel itjunic-imp

(C) lel junic-imp ? rer jedee

(D) rer jeedee lel itjunic-imp

4.22. „Ihre hässliche Jeans passt perfekt" heißt in der fremden Sprache:

(A) doopfqeewlel dererbibel

(B) fqeewrerdoop vasas-ho

(C) rerfqeewlel itvasas-doop

(D) fqeewdooprer vasas-ho

LÖSUNGSSCHLÜSSEL

Prüfung 1	
Aufgabe	Antwort
1.1.	A
1.2.	B
1.3.	A
1.4.	A
1.5.	A
1.6.	B
1.7.	D
1.8.	A
1.9.	A
1.10.	A
1.11.	A
1.12.	A
1.13.	C
1.14.	C
1.15.	B
1.16.	B
1.17.	B
1.18.	A
1.19.	B
1.20.	C
1.21.	D
1.22.	A

Prüfung 2	
Aufgabe	Antwort
2.1	D
2.2	B
2.3	C
2.4	A
2.5	C
2.6	A
2.7	A
2.8	C
2.9	C
2.10	D
2.11	A
2.12	D
2.13	A
2.14	B
2.15	D
2.16	A
2.17	B
2.18	A
2.19	A
2.20	C
2.21	B
2.22	C

Prüfung 3		Prüfung 4	
Frage	Antwort	Frage	Antwort
3.1.	B	4.1	D
3.2.	D	4.2	C
3.3.	A	4.3	B
3.4.	C	4.4	C
3.5.	B	4.5	B
3.6.	A	4.6	D
3.7.	C	4.7	C
3.8.	D	4.8	A
3.9.	D	4.9	A
3.10.	B	4.10	D
3.11.	C	4.11	B
3.12.	A	4.12	C
3.13.	B	4.13	D
3.14.	C	4.14	B
3.15.	A	4.15	C
3.16.	D	4.16	A
3.17.	A	4.17	D
3.18.	D	4.18	B
3.19.	B	4.19	A
3.20.	C	4.20	C
3.21.	C	4.21	B
3.22.	A	4.22	D

DETAILLIERTE ANTWORTEN

PRÜFUNG 1

1.1. Antwort: A

Verb: gehen = sak-; Lösungsmöglichkeiten: A, C

Personalpronomen: wir = -an; Lösung: A

Zeitform: Vergangenheit = -u-; Lösung: A

1.2. Antwort: B

Verb: fahren = sak-; Lösungsmöglichkeiten: B, C

Personalpronomen: er = -e; Lösung: B

Zeitform: Gegenwart = -e-; Lösung: B

1.3. Antwort: A

Verb: springen = yllöm-; Lösungsmöglichkeiten: A, B, D.

Zeitform: Präsens = -zi-; Lösungsmöglichkeiten: A, D.

Personalpronomen: -mko = ich; Lösung: A

Zusätzlicher Hinweis:

- *Satzstruktur: Verb + Zeitform + Subjekt*

1.4. Antwort: A

Verb: spielen = llün-; Lösungsmöglichkeiten: A, B, D.

Satzbau: Verb + Zeitform + Subjekt (siehe Aufgabe 1.3.) Wir müssen also auf die letzten Buchstaben achten, wenn wir das Personalpronomen entschlüsseln wollen.

Personalpronomen: sie (Singular) = -mkü; Lösungsmöglichkeiten: A, D.

Zeitform: Futur = -zu-; Lösung: A.

1.5. Antwort: A

Verb: arbeiten = -zän; Lösungsmöglichkeiten: A, D.

Adverb: vorsichtig, schnell = lide, ledö; Lösung: A.

Zusätzliche Hinweise:

- *Subjekt: der Junge = magu-.*
- *aber = op.*

Hinweis

Hier kannst Du bereits die richtige Lösung herausfinden, nachdem Du das Verb und das Adverb bestimmt hast. Wir haben bei unseren Lösungen zur Veranschaulichung und für Übungszwecke die ganzen Sätze analysiert. Diese letzten Schritte sind an sich aber nicht mehr erforderlich. Bei der Prüfung kannst Du zur nächsten Aufgabe wechseln, sobald Du die richtige Antwort hast.

1.6. Antwort: B

Verb: mögen = -lüb; Lösungsmöglichkeiten: A, B, C.

Objekt: das Pferd, die Frau = allen + x, peti + x (Nomen + Akkusativsuffix); Lösung: B.

Zusätzliche Hinweise:

- *Subjekt: die Frau, das Mädchen = peti-, teki-*
- *und = og*

1.7. Antwort: D

Verb: wissen = cornzenu; Lösung: D

Personalpronomen: sie = napeqezi; Lösung: D

Zeitform: Gegenwart; Lösung: D

Sonstige: Personalpronomen immer am Ende des Satzes; Lösung: D

1.8. Antwort: A

Verb: verstehen, bestätigen = köpuzynü, löquryxü; Lösungsmöglichkeiten: A, C

Personalpronomen: ich = taneröqi; Lösung: A

Zeitform: Gegenwart; Lösung: A

Sonstige: und = lale

1.9. Antwort: A

Verb: telefonieren = rytü; Lösungsmöglichkeiten: A, C, D

Personalpronomen: du = dolu; Lösungsmöglichkeiten: A, C

Zeitform: Gegenwart = -pik-; Lösung A

1.10. Antwort: A

Verb: reden = nöky; Lösungsmöglichkeiten: A, B, C

Personalpronomen: wir = dule; Lösungsmöglichkeiten: A, C

Zeitform: Zukunft = -bid-; Lösung: A

1.11. Antwort: A

Verb: singen = yoxo; Lösungsmöglichkeiten: A, C, D

Personalpronomen: du = zo; Lösung A

Zeitform: Perfekt = -lu; Lösung A

1.12. Antwort: A

Verb: singen = yoxo; Lösungsmöglichkeiten: A, C

Personalpronomen: sie, ich = zö, zu; Lösung: A

Zeitform: Gegenwart = -le; Lösung: A

Sonstige: oder = co

1.13. Antwort: C

Verb: singen, spielen = peh, svi; Lösungsmöglichkeiten: B, C

Objekt: Klavier = kop; Lösungsmöglichkeiten: B, C

Personalpronomen: sie, er = tiah, to; Lösungsmöglichkeiten: B, C

Zeitform: Gegenwart = -se; Lösung: C

1.14. Antwort: C

Verb: spielen = svi; Lösungsmöglichkeiten: B, C, D

Objekt: Gitarre = stru; Lösungsmöglichkeiten: B, C, D

Personalpronomen: sie = tieh; Lösungsmöglichkeiten: B, C, D

Zeitform: Zukunft = -bu; Lösungsmöglichkeiten: B, C

Sonstige: Anhand der vorhandenen Beispiele, erkennt man, dass das Objekt immer am Anfang des Satzes steht. Lösung C

1.15. Antwort: B

Verb: arbeiten = -lem-; Lösungsmöglichkeiten: A, B, C, D.

Subjekt: der Mann = koto; Lösungsmöglichkeiten: A, B, D.

Zeitform: Präsens; Lösungsmöglichkeiten: A, B.

Satzbau:

- *Der Satz besteht aus zwei Wörtern: Subjekt (erstes Wort), Zeitform + Verb + Adverb (zweites Wort) – diese Satzstruktur gilt für Aussagesätze, nicht für Fragen.*
- *Bei Fragen ist die Reihenfolge umgekehrt: Zeitform + Verb + Adverb (erstes Wort), Subjekt (zweites Wort). Die richtige Antwort ist B.*

1.16. Antwort: B

Verb: arbeiten = -lem-; Lösungsmöglichkeiten: A, B, C, D.

Subjekt: die Studenten = fala; Lösungsmöglichkeiten: A, B, C, D.

Zeitform: Zukunft = -qi-; Lösung: B.

Zusätzlicher Hinweis: nie = -u

1.17. Antwort: B

Verb: sitzen = lopon; Lösungsmöglichkeiten: A, B, C, D

Personalpronomen: sie (Pl.) = cenoce; Lösungsmöglichkeiten: B, D

Zeitform: Vergangenheit = -tipi; Lösung B

1.18. Antwort: A

Verb: stehen = lepan; Lösungsmöglichkeiten: A, C, D

Personalpronomen: er = cenoca; Lösungsmöglichkeiten: A, D

Zeitform: Zukunft = -tapu; Lösung: A

1.19. Antwort: B

Verb: lesen = xune; Lösungsmöglichkeiten: A, B, C, D

Objekt: Buch = lopi; Lösungsmöglichkeiten: A, B, C

Subjekt: Mann = lipu; Lösungsmöglichkeiten: A, B, C

Zeitform: Gegenwart; Lösungsmöglichkeiten: A, B, C

Zusätzliche Hinweise:

- *Anhand der Beispiele ist zu erkennen, dass das Verb immer am Ende des Satzes steht. Lösungsmöglichkeiten: B, C*

- *Weiterhin ist auch zu erkennen, dass das Objekt immer am Anfang des Satzes steht. Lösung: B*

1.20. Antwort: C

Verb: lieben = nexi; Lösungsmöglichkeiten: A, C, D

Objekt: Ball = zoni; Lösungsmöglichkeiten: A, C, D

Subjekt: Katze = come; Lösungsmöglichkeiten: C, D

Zeitform: Gegenwart; Lösungsmöglichkeiten: C, D

Sonstige: Anhand der Beispiele ist zu erkennen, dass das Verb immer am Ende des Satzes steht. Lösung: C

1.21. Antwort: D

Verb: lesen = sa; Lösungsmöglichkeiten: A, B, C, D

Objekt: die Leserbriefe = sazöttebotuquna; Lösungsmöglichkeiten: A, D

Subjekt: der Leser = sazöttenu; Lösung: D

Zeitform: Gegenwart; Lösung: D

Sonstige: gerne = progü

1.22. Antwort: A

Verb: beantworten = pile; Lösungsmöglichkeiten: A, B, D

Adjektiv: kurz = syme; Lösungsmöglichkeiten: A, B, D

Objekt: Leserbriefe = sazöttebotoquna; Lösungsmöglichkeiten: A, B

Personalpronomen: du = xüxe; Lösungsmöglichkeiten: A, B

Zeitform: Gegenwart; Lösungsmöglichkeiten: A, B

Sonstige: gerne = progü; Lösungsmöglichkeiten: A, B

Fragesatz: ab-; Lösung: A

PRÜFUNG 2

2.1. Antwort: D

Verb: beschuldigen = culxo-; Lösungsmöglichkeiten: A, B, D

Zeitform: Vergangenheit -a-; Lösung: D

Subjekt: er = -eu

2.2. Antwort: B

Verb: schließen = thech-; Lösungsmöglichkeit: B, C, D

Zeitform: Vergangenheit = -a-; Lösung: B

Subjekt: sie (Pl.) = -et

2.3. Antwort: C

Verb: lesen = löeto-; Lösungsmöglichkeiten: B, C

Subjekt: er = -kö-; Lösungsmöglichkeiten: B, C

Zeitform: Zukunft = -mi; Lösung; C

2.4. Antwort: A

Verb: schreiben = leöto-; Lösungsmöglichkeiten: A, C

Subjekt: sie (Pl.) = -kä-; Lösung: A

Zeitform: Vergangenheit = -zy

2.5. Antwort: C

Subjekt: ich = dulu-; Lösungsmöglichkeiten: B, C

Zeitform: Gegenwart = -pik-; Lösung: C

Verb: reden = -nöky

2.6. Antwort: A

Subjekt: du = dolu-; Lösungsmöglichkeiten: A, C

Zeitform: Vergangenheit = -min-; Lösung: A

Verben: telefonieren = -rytü, reden = -nöky

Sonstige: und = -ba

2.7. Antwort: A

Subjekt: ich = tu; Lösungsmöglichkeiten: A, C

Verb: schwimmen = -rux; Lösungsmöglichkeiten: A, C

Zeitform: Gegenwart

Satzbau: Subjekt am Satzanfang; Lösung: A

Sonstige: viel = no-

2.8. Antwort: C

Zeitform: Zukunft = zy-; Lösungsmöglichkeiten: A, C, D

Verb: schwimmen = -rux; Lösungsmöglichkeiten: A, C, D

Subjekt: er = ka; Lösungsmöglichkeiten: A, C, D

Satzbau: bei Fragen ist das Subjekt am Satzende; Lösungsmöglichkeiten: A, C

Sonstige: öfters = -lö-; Lösung: C

2.9. Antwort: C

Subjekt: die Oma = ketlinmo; Lösungsmöglichkeiten: A, B, C

Verb: sein (hier: ist) = ilem; Lösungsmöglichkeiten: A, C

Adjektiv: jung = mule; Lösung: C

2.10. Antwort: D

Subjekt: die Frau = ketlinmi; Lösungsmöglichkeiten: A, B, C, D

Objekt: die Blume = ketloimo; Lösungsmöglichkeiten: A, B, C, D

Verb: mögen = opi; Lösungsmöglichkeiten: B, D

Adjektiv: keins; Lösung D

2.11. Antwort: A

Verb: kochen = mulk-; Lösungsmöglichkeiten: A, C

Subjekt: der Vater = -uleng (männlich = -u-); Lösung: A

Sonstige: selten = pat

2.12. Antwort: D

Verb: fragen = nemg-; Lösungsmöglichkeiten: A, C, D

Subjekt: Die Nachbarin = -aram (weiblich = -a-); Lösung: D

Objekt: Freundin = gümpxe (-xe gibt Objekt an)

Possessivpronomen: ihre = tolo

2.13. Antwort: A

Satzbau: Subjekt − Verb − Zeitform − Possessivpronomen − Objekt

Subjekt: Student = volef + Pl. = -ĕd-; Lösungsmöglichkeiten: A, B, C, D

Verb: tragen = -folkj; Lösungsmöglichkeiten: A, B, D

Zeitform: Gegenwart = ĕr; Lösungsmöglichkeiten: A, D

Possessivpronomen: ihre = pĕgt; Lösungsmöglichkeiten: A, D

Objekt: Tasche = hush + Pl. = -ĕd; Lösung: A

2.14. Antwort: B

Satzbau: Subjekt − Verb − Zeitform − Possessivpronomen − Objekt

Subjekt: Professor = cresch- + Pl. = -ĕd-; Lösungsmöglichkeiten: B, D

Verb: essen = -parau; Lösungsmöglichkeiten: B, D

Zeitform: Vergangenheit = ãr; Lösung: B

Possessivpronomen: ihre = pĕgt

Objekt: Mittagessen = dugal

2.15. Antwort: D

Satzbau: Verb − Subjekt − Objekt − Präposition

Verb: reden = Lÿnd-; Lösungsmöglichkeiten: A, B, D

Subjekt: Vater = -pal; Lösungsmöglichkeiten: A, B, D

Zeitform: Vergangenheit = pø; Lösungsmöglichkeiten: B, D

Objekt: Student = boi-; Lösungsmöglichkeiten: B, D

Präposition: mit = -ÿu; Lösung: D

2.16. Antwort: A

Satzbau: Verb – Subjekt – Objekt – Präposition

Verb: gehören = Sør-; Lösungsmöglichkeiten: A, B, C, D

Subjekt: Stift = -taki; Lösungsmöglichkeiten: A, B, C

Objekt: Forscher = fih; Lösungsmöglichkeiten: A, B, C

Präposition: keine; Lösung: A

2.17. Antwort: B

Satzbau: Subjekt – Verb – Objekt

Subjekt: Feuerwehrmann = pozkar-; Lösungsmöglichkeiten: B, C

Verb: hören = -slu-; Lösung: B

Objekt: Nachrichten = -sotel

2.18. Antwort: A

Satzbau: Subjekt – Verb – Objekt

Subjekt: Frau = ze-l; Lösungsmöglichkeiten: A, B, C, D

Verb: finden = -nam-; Lösungsmöglichkeiten: A, B, C

Objekt: Feuer = -poz-; Lösungsmöglichkeiten: A, B

Ort (adverbiale Bestimmung): in der Küche = -govt; Lösung: A

2.19. Antwort: A

Satzbau: Verb – Präposition – Objekt/ Ort – Subjekt

Verb: fahren = Kola-; Lösungsmöglichkeiten: A, B, C

Präposition: in = -qe-; Lösungsmöglichkeiten: A, B

Ort (adverbiale Bestimmung): der Stadt = -hout; Lösungsmöglichkeiten: A, B

Präposition: in = qe-; Lösungsmöglichkeiten: A, B

Ort (adverbiale Bestimmung): den Tunnel = -budr; Lösungsmöglichkeiten: A, B

Subjekt: Kind = bavh; Lösung A

Sonstiges: Plural = -y

2.20. Antwort: C

Satzbau: Verb – Präposition – Objekt/ Ort – Subjekt

Verb: warten = Waq- + Pl. = -a-; Lösungsmöglichkeiten: B, C, D

Präposition: auf = -xe-; Lösungsmöglichkeiten: B, C

Objekt: Urteil = -käbs (ohne Pl. = -y); Lösung C

Subjekt: Anwalt = jänf- + Pl. = -y; Lösung C

2.21. Antwort: B

Satzbau: Subjekt – Objekt – Possessivpronomen – Verb – Zeitform

Subjekt: der Dozent = zonzy (männlich = -y); Lösungsmöglichkeiten: B, C, D

Objekt: Bücher = nanikü; Lösungsmöglichkeiten: B, C, D

Possessivpronomen: seine = -ry; Lösungsmöglichkeiten: B, D

Verb: mögen = gon-; Lösungsmöglichkeiten: B, D

Zeitform: Gegenwart = -i; Lösung: B

2.22. Antwort: C

Satzbau: Subjekt – Objekt – Possessivpronomen – Objekt – Verb – Zeitform

Subjekt: die Dozentin = zonzu (weiblich = -u); Lösungsmöglichkeiten: C, D

Objekt: Studentin = xomxu- ; Lösungsmöglichkeiten: C, D

Possessivpronomen: ihrer = -ry; C, D

Objekt: die Aufgabe = sibtil; Lösung C

Verb: erklären = opul-

Zeitform: Vergangenheit = -i

PRÜFUNG 3

3.1. Antwort: B

Verb: laufen = animac-; Lösungsmöglichkeiten: A, B, C

Personalpronomen: er = -ho; Lösungsmöglichkeiten: B, C

Zeitform: Vergangenheit = -o-; Lösungsmöglichkeiten: B, C

Präposition: in= o-; Lösung: B

3.2. Antwort: D

Verb: springen = atfas-; Lösungsmöglichkeiten: A, B, D

Personalpronomen: sie = -hi; Lösungsmöglichkeiten: A, B, D

Zeitform: Gegenwart = (kein Zusatz); Lösungsmöglichkeiten: A, D

Präposition: über = a-; Lösung: D

3.3. Antwort: A

Verb: schreiben= betro-;

Personalpronomen: du= -ed;

Zeitform: Gegenwart = (kein „-u-"); Lösungsmöglichkeiten: A, B

Verb: lernen = stur;

Personalpronomen: er = -fe;

Zeitform: Gegenwart = (kein „-u-"); Lösung: A

3.4. Antwort: C

Verb: lernen = stur-; Lösungsmöglichkeiten: A, B, C, D

Personalpronomen: er = -fe; Lösungsmöglichkeiten: A, C

Zeitform: Vergangenheit = -u-; Lösung: C

3.5. Antwort: B

Verben: kaufen = ondopocom; verkaufen = ondenev; Lösungsmöglichkeiten: B, C, D

Satzbau: Wir können erkennen, dass zwei Verben sich zu einem Wort verbinden, da das Beispiel „sie fährt und isst" mit nur zwei Wörtern übersetzt wird (ale ondiriggoro), genau wie wenn nur ein Verb vorkommt (sie kauft = ale ondopcom). Lösungsmöglichkeiten: B, D

Personalpronomen: wir = somat; Lösung: B

3.6. Antwort: A

Verb: essen = Teil des Wortes „ondiriggoro". Wir schließen Antworten aus, welche nur entweder „ondirig" oder „goro" haben; Lösungsmöglichkeiten: A, C, D

Personalpronomen: er. Wir schließen antworten, die „ale" (= sie) und „somat" (= wir) enthalten, aus. Lösung: A

3.7. Antwort: C

*Wenn wir uns die Beispielsätze anschauen, sehen wir, dass „reicher Mann" = „manku".
Als Subjekt steht es am Anfang des Satzes als eigenes Wort, und als Objekt steht es
am Ende des Satzes als Suffix zum Verb. Daraus ergibt der Satzbau = Subjekt, Verb-
Präposition-Objekt*

Subjekt: Fahrer = Dusah; Lösungsmöglichkeiten: A, B, C, D

Verb: fahren = veda-; Lösungsmöglichkeiten: A, B, C, D

Präposition: zu = -no-; Lösungsmöglichkeiten: A, B, C

Zeitform: Vergangenheit = -t-; Lösungsmöglichkeiten: A, C

*Objekt: Bushaltestelle = lupasi. Wir können „aris" ausschließen, da wir wissen, dass es
„der Passagier" heißt. Lösung: C*

3.8. Antwort: D

*Der Satzbau ist auch hier wichtig: Subjekt (ein Wort), dann Verb-Präposition-Objekt.
Siehe oben.*

Subjekt: Magazin = Eluth; Lösungsmöglichkeiten: B, D

Verb: schreiben = mila-; Lösungsmöglichkeiten: B, D

Zeitform: Vergangenheit = -t- (nach dem Verb, aber vor der Präposition *); Lösung: D

*   *Hier wissen wir nicht, was „über" in der fremden Sprache heißt. Aber wenn wir uns die
Lösungsmöglichkeiten anschauen, können wir schlussfolgern, dass es „hi" ist. „t" muss
vor „hi" stehen.*

3.9. Antwort: D

Pronomen: wir = ze; Lösungsmöglichkeiten: C, D

Verb: bezahlen = loorm (steht am Satzanfang); Lösungsmöglichkeiten: C, D

Zeitform: Gegenwart = Verb großgeschrieben = Loorm; Lösung: D

3.10. Antwort: B

Pronomen: ich = ?

Verb: kaufen = dreep, Lösungsmöglichkeiten: A, B, C, D

Zeitform: Vergangenheit = Verb kleingeschrieben (erstes Wort); Lösungsmöglichkeiten: B, D

Objekt: Kleider (plural) = juuj, muss großgeschrieben werden, da plural; Lösung: B

3.11. Antwort: C

Subjekt: der Pilot (steht am Satzende*) = lopit; Lösungsmöglichkeiten: A, B, C

Verb: waschen = dolavi-

Zeitform: Vergangenheit: -o; Lösungsmöglichkeiten: B, C

Objekt: Anzug = Ejaret- (steht am Satzanfang*); Lösungsmöglichkeiten: B, C

Possessivpronomen: seinen = -er**; Lösung: C

*   Das Substantiv „Passagier" kommt im ersten und zweiten Beispielsatz vor, das Substantiv „Ehemann" im dritten und vierten. Wenn diese Substantive das Subjekt sind, stehen sie am Satzende; wenn sie das Objekt sind, am Satzanfang.

**   Für „ihren" wird das Suffix „-er" dem Objekt im dritten Beispiel angehängt (madin → madiner). Im vierten Beispiel steht „soraper" = seine Kleidung; daraus und aus den Lösungsmöglichkeiten können wir schließen, dass "-er" = seinen bedeutet.

3.12. Antwort: A

Subjekt: die Frau (steht am Satzende) = rujem; Lösungsmöglichkeiten: A, B, C, D

Verb: tragen = dunaso-; Lösungsmöglichkeiten: A, B, C, D

Zeitform: Vergangenheit: -o; Lösungsmöglichkeiten: A, B

Objekt: Ring = ?-

Possessivpronomen: ihren = -er; Lösung: A

3.13. Antwort: B

Subjekt: er = ? schließe „-bis" = wir; „-ha-" = ich aus; Lösungsmöglichkeiten: A, B, C

Verb: lachen = -nehcal-; Lösungsmöglichkeiten: A, B

Zeitform: Gegenwart = -i; Lösung: B

3.14. Antwort: C

Subjekt: ich = -ha-; Lösungsmöglichkeiten: A, C, D

Verb: tanzen = hegc, Lösungsmöglichkeiten: A, C, D

Zeitform: Vergangenheit = (kein -i); Lösungsmöglichkeiten: C, D

Adverb: steht vor dem Subjekt; Lösung: C

3.15. Antwort: A

Verb: fragen = jomade- (Teil des ersten Wortes*); Lösungsmöglichkeiten: A, C, D

Zeitform: Gegenwart = (kein Präfix), kleingeschrieben; Lösungsmöglichkeiten: A, D

Subjekt: der Kunde = codamn (steht als eigenes Wort nach dem Objekt**); Lösung: A

*   *Im ersten und vierten Beispiel ist das Wort „sehen" wiederholt. Daher „sehen" = „nemas", und das Präfix „-li" = Vergangenheit.*

**   *Im dritten Beilspiel gibt es nur zwei Wörter, daher muss eines das Subjekt und das andere das Verb sein. Verben stehen am Anfang des Satzes, daher muss das Subjekt das zweite, separate Wort sein. Daher können wir aus dem vierten Beispiel schließen, dass „Ladenbesitzer" = „lesturay" und „Kunde" = „codamn". Somit ist das Objekt mit dem Verb in einem Wort verbunden.*

3.16. Antwort: D

Verb: vorstellen = meela-.... (wir wissen nicht wo „vorstellen" aufhört und „Freunde" anfängt, aber wir wissen das „vorstellen" mit „me-" anfangen muss); Lösungsmöglichkeiten: A, B, C, D

Objekt: der Lehrer = peral oder toutin (steht nach dem Verb in einem Wort, siehe oben). Wir wissen nicht, welches Wort, da wir nicht wissen, ob Adverbien vor oder nach dem Subjekt stehen. Lösungsmöglichkeiten: A, C, D

Zeitform: Vergangenheit = -li-, großgeschrieben; Lösungsmöglichkeiten: A, C, D

Adverb: bereitwillig = ?. Wir wissen, dass es ein alleinstehendes Wort sein muss, wie im ersten Beispiel. Lösungsmöglichkeiten: A, D

Wir müssen uns nun nochmal das Wort „Lehrer" anschauen. In den letzen zwei verbliebenen Lösungsmöglichkeiten ist es „toutin". Im ersten Beispiel war dies das letzte Wort, das heißt, dass das Subjekt nach dem Verb steht. Daher muss „thanksi" (das Subjekt) das letzte Wort sein. Lösung: D.

3.17. Antwort: A

Verb: wollen = dertwe, gehen = fruul; Lösungsmöglichkeiten: A, B, C

Bei Fragen wird das Verb großgeschrieben. Hier liegt keine Frage vor, daher kann B ausgeschlossen werden. Lösungsmöglichkeiten: A, C

Verneinung („nicht") wird mit einem Fragezeichen geschrieben, daher kann C ausgeschlossen werden. Lösung: A

3.18. Antwort: D

Verb: müssen = goolp, essen = hoolp; anhalten = ka; Lösungsmöglichkeiten: C, D

Bei Fragen wird das Verb großgeschrieben. Hier liegt keine Frage vor, daher kann C ausgeschlossen werden.

Verneinung („nicht") wird mit einem Fragezeichen geschrieben. Lösung: D

3.19. Antwort: B

Adverb: plötzlich = vick-. Adverbien stehen am Anfang des Satzes („bliim" steht im ersten und zweiten Beispiel; es bedeutet „schnell"). Lösungsmöglichkeiten: B, C

Verb: rennen = -trit-; Lösungsmöglichkeiten: B, C

Zeitform: Gegenwart = großgeschrieben; Lösung: B

Subjekt: Katze = floop

Adjektiv: fett = oov-

Das Subjekt steht hinter dem Verb. Adjektive werden mit dem Subjekt oder Objekt durch „-" verbunden.

3.20. Antwort: C

Adverb: langsam = yurp-. Adverbien stehen am Anfang des Satzes (siehe oben). Lösungsmöglichkeiten: B, C, D

Zeitform: Gegenwart = großgeschrieben; Lösungsmöglichkeiten: B, C

Verb: baden= -ror-; Lösungsmöglichkeiten: B, C

Adjektive werden mit dem Subjekt oder Objekt durch „-" verbunden; Lösung: C

3.21. Antwort: C

Präposition: zu = -pe-; Lösungsmöglichkeiten: A, B, C

Verb: gehen = huply; Lösungsmöglichkeiten: A, C

Subjekt: der Mann = Mada; Lösungsmöglichkeiten: A, C

Objekt: das Haus = regor; Lösung: C

3.22. Antwort: A

Präposition: aus = -po-; Lösungsmöglichkeiten: A, B, C, D

Verb: treten = ?. Wir können lumani (= kommen) ausschließen; Lösungsmöglichkeiten: A, C, D

Subjekt: die Mutter = Ammai; Lösungsmöglichkeiten: A, C, D

Objekt: der Laden = kadel; Lösungsmöglichkeiten: A, D

Zeitform: Zukunft = -!; Lösung: A

PRÜFUNG 4

4.1.   Antwort: D

Verb: lesen = onlit-; Lösungsmöglichkeiten: A, C, D

Verb: schreiben = ennod-; Lösungsmöglichkeiten: A, C, D

Pronomen: er = -la; Lösung: D

4.2.   Antwort: C

Verb: geben = sirve-;

Pronomen: sie = -le; Lösungsmöglichkeiten: A, C, D

Zeitform: Gegenwart = (kein Zusatz); Lösungsmöglichkeiten: A, C

Verb: schreiben = ennod-;

Pronomen: er = -la; Lösungsmöglichkeiten: A, C

Zeitform: Vergangenheit = -oo-; Lösung: C

4.3.   Antwort: B

Verb: lachen = -nehecal-; Lösungsmöglichkeiten: A, B, D

Subjekt: du = ?, wir können „se" (= sie) und „ha" (= ich) ausschließen; Lösungsmöglich-keiten: A, B

Zeitform: Gegenwart = kleingeschrieben; Lösung: B

4.4. Antwort: C

Verb: lachen = -nehecal-; Lösungsmöglichkeiten: A, B, C, D

Subjekt: er = ?, wir können „se" (= sie) und „ha" (= ich) ausschließen; Lösungsmöglichkeiten: A, B, C

Zeitform: Vergangenheit = großgeschrieben; Lösungsmöglichkeiten: A, C

Adverb: laut = trill, steht vor dem Subjekt; Lösung: C

4.5. Antwort: B

Verb: gewinnen = deriv-; Lösungsmöglichkeiten: A, B, C, D

Subjekt: sie = des; Lösungsmöglichkeiten: B, C, D

Satzbau: Verb zuerst, dann Subjekt; Lösungsmöglichkeiten: B, D

Objekt: (keins); Lösung: B

4.6. Antwort: D

Verb: spielen = relip-; Lösungsmöglichkeiten: A, B, C, D

Subjekt: er = ?; schließe „de" (= ich) und „hul" (= sie) aus; Lösungsmöglichkeiten: C, D

Objekt: Schach = -smoom; Lösung: D

4.7. Antwort: C

Verb: flüstern = julip; Lösungsmöglichkeiten: A, B, C, D

Subjekt: ich = hu; Lösungsmöglichkeiten: A, B, C

Verb Konjugation: 1. Person Singular = -em; Lösung: C

4.8. Antwort: A

Satzbau: Verb, Subjekt, Artikel-Adjektiv-Objekt

Artikel: das = tom- (steht am Anfang des Wortes); Lösungsmöglichkeiten: A, C

Objekt: Geheimnis = -jreem (steht am Ende); Lösung: A

4.9. Antwort: A

Subjekt: sie = jam; Lösungsmöglichkeiten: A, C

Zeitform: Gegenwart = (kein ! oder ?); Lösung: A

4.10. Antwort: D

Zeitform: Vergangenheit = !; Lösungsmöglichkeiten: A, D

Adverb: gestern = kem; Lösung: D

4.11. Antwort: B

Satzbau: Artikel-Subjekt, Verb-Artikel-Objekt

Subjekt: der Patient = Worta; Lösungsmöglichkeiten: B, C, D

Artikel: das = de (kleingeschrieben); Lösungsmöglichkeiten: B, D

Zeitform: Vergangenheit = -i-; Lösung: B

4.12. Antwort: C

Subjekt: das Kind = Rui; Lösungsmöglichkeiten: A, B, C

Pronomen: seine(n) = De (großgeschrieben); Lösungsmöglichkeiten: A, C

Zeitform: Gegenwart = (kein -i-); Lösung: C

4.13. Antwort: D

Subjekt/Verb: sie ist = zeee; Lösungsmöglichkeiten: A, B, C, D

Adjektiv: dankbar = frop; Lösungsmöglichkeiten: B, C, D

Keine Verneinung = (kein ?); Lösungsmöglichkeiten: B, D

Objekt: das = zi; Lösungsmöglichkeiten: B, D

Satzbau Frage: Subjekt/Verb steht an zweiter Stelle = -zeee; Lösung: D

4.14. Antwort: B

Subjekt/Verb: ich bin = Ki -; Lösungsmöglichkeiten: B, C, D

Adjektiv: zuständig = ?

Verneinung = -?; Lösungsmöglichkeiten: B, C

Objekt: ihn = ee; Lösungsmöglichkeiten: B, C

Satzbau Aussage: Subjekt/Verb steht an erster Stelle = Ki-; Lösung: B

4.15. Antwort: C

Satzbau: direktes Objekt-Subjekt-Verb, Präposition-indirektes Objekt

Direktes Objekt: Heu = töt- (ist der erste Teil des Wortes); Lösungsmöglichkeiten: A, C

Subjekt: der Junge = -weür-; Lösungsmöglichkeiten: A, C

Verb: werfen = -trä; Lösungsmöglichkeiten: A, C

Zeitform: Vergangenheit = -!; Lösungsmöglichkeiten: A, C

Präposition: nach = ee; Lösung: C

4.16. Antwort: A

Direktes Objekt: Garn = möt-; Lösungsmöglichkeiten: A, B, C, D

Subjekt: er = -zbo-; Lösungsmöglichkeiten: A, C

Verb: kicken = -qew; Lösungsmöglichkeiten: A, C

Zeitform: Vergangenheit = -!; Lösung: A

Präposition: auf = oo; Lösung: A

4.17. Antwort: D

Subjekt: sie = Jim; Lösungsmöglichkeiten: A, C, D

Objekt: Bücher (Plural) = ifejen; Lösungsmöglichkeiten: A, D

Verb: lesen = hiala-; Lösungsmöglichkeiten: A, D

Zeitform: Zukunft = -be; Lösung: D

4.18. Antwort: B

Subjekt: sie = ?

Objekt: Auto (Singular) = gued; Lösungsmöglichkeiten: B, C, D

Verb: kaufen = gerg-; Lösungsmöglichkeiten: B, C, D

Zeitform: Vergangenheit = di; Lösungsmöglichkeiten: B, C

Artikel: das = a; Lösung: B

4.19. Antwort: A

Satzbau: Verb-Subjekt, Präposition-Objekt-Possessivpronomen, Adjektiv

Possessivpronomen werden dem betreffenden Substantiv angehängt.

Subjekt: Fahrrad = ?, endet mit dem Possessivpronomen. Wir können „owo" (= Kaffee) ausschließen; Lösungsmöglichkeiten: A, B, D

Possessivpronomen: sein = -eheh; Lösungsmöglichkeiten: A, B, D

Adjektiv: schwarz = gga; Lösungsmöglichkeiten: A, D

Verb: ist = ?. Wir können „aa" (= trinken), „oto" (= erziehen), „eheh" (= er) ausschließen; Lösung: A

4.20. Antwort: C

Subjekt: T-Shirt und Hose = ?

Possessivpronomen 1: mein = -iiyy (am Wortende); Lösungsmöglichkeiten: A, C

Possessivpronomen 2: seiner = -eheh (am Wortende); Lösung: C

Präposition: mit = oo (am Wortanfang); Lösung: C

4.21. Antwort: B

Subjekt: sie = rer: Lösungsmöglichkeiten: A, B, D

Zeitform: Vergangenheit = it-; Lösungsmöglichkeiten: B, D

Konjunktion: weil = ?, Lösung: B

Adverb: plötzlich = imp, Lösung: B

4.22. Antwort: D

Verb: passen = vasas- (kein "it" Präfix da Gegenwart); Lösungsmöglichkeiten: B, D

Adverb: perfekt = -ho; Lösungsmöglichkeiten: B, D

Subjekt: ihre hässliche Jeans → ihre = rer, hässlich = doop, Jeans = fqeew

Satzbau: Subjekt, Adjektiv, Possessivpronomen = fqeewdooprer; Lösung: D

APPENDIX: ANTWORTBÖGEN

4

Prüfung 1				
	A	B	C	D
1	☐	☐	☐	☐
2	☐	☐	☐	☐
3	☐	☐	☐	☐
4	☐	☐	☐	☐
5	☐	☐	☐	☐
6	☐	☐	☐	☐
7	☐	☐	☐	☐
8	☐	☐	☐	☐
9	☐	☐	☐	☐
10	☐	☐	☐	☐
11	☐	☐	☐	☐
12	☐	☐	☐	☐
13	☐	☐	☐	☐
14	☐	☐	☐	☐
15	☐	☐	☐	☐
16	☐	☐	☐	☐
17	☐	☐	☐	☐
18	☐	☐	☐	☐
19	☐	☐	☐	☐
20	☐	☐	☐	☐
21	☐	☐	☐	☐
22	☐	☐	☐	☐

Prüfung 2			
	A	B	C	D
1	☐	☐	☐	☐
2	☐	☐	☐	☐
3	☐	☐	☐	☐
4	☐	☐	☐	☐
5	☐	☐	☐	☐
6	☐	☐	☐	☐
7	☐	☐	☐	☐
8	☐	☐	☐	☐
9	☐	☐	☐	☐
10	☐	☐	☐	☐
11	☐	☐	☐	☐
12	☐	☐	☐	☐
13	☐	☐	☐	☐
14	☐	☐	☐	☐
15	☐	☐	☐	☐
16	☐	☐	☐	☐
17	☐	☐	☐	☐
18	☐	☐	☐	☐
19	☐	☐	☐	☐
20	☐	☐	☐	☐
21	☐	☐	☐	☐
22	☐	☐	☐	☐

Prüfung 3				
	A	B	C	D
1	☐	☐	☐	☐
2	☐	☐	☐	☐
3	☐	☐	☐	☐
4	☐	☐	☐	☐
5	☐	☐	☐	☐
6	☐	☐	☐	☐
7	☐	☐	☐	☐
8	☐	☐	☐	☐
9	☐	☐	☐	☐
10	☐	☐	☐	☐
11	☐	☐	☐	☐
12	☐	☐	☐	☐
13	☐	☐	☐	☐
14	☐	☐	☐	☐
15	☐	☐	☐	☐
16	☐	☐	☐	☐
17	☐	☐	☐	☐
18	☐	☐	☐	☐
19	☐	☐	☐	☐
20	☐	☐	☐	☐
21	☐	☐	☐	☐
22	☐	☐	☐	☐

Prüfung 4				
	A	B	C	D
1	☐	☐	☐	☐
2	☐	☐	☐	☐
3	☐	☐	☐	☐
4	☐	☐	☐	☐
5	☐	☐	☐	☐
6	☐	☐	☐	☐
7	☐	☐	☐	☐
8	☐	☐	☐	☐
9	☐	☐	☐	☐
10	☐	☐	☐	☐
11	☐	☐	☐	☐
12	☐	☐	☐	☐
13	☐	☐	☐	☐
14	☐	☐	☐	☐
15	☐	☐	☐	☐
16	☐	☐	☐	☐
17	☐	☐	☐	☐
18	☐	☐	☐	☐
19	☐	☐	☐	☐
20	☐	☐	☐	☐
21	☐	☐	☐	☐
22	☐	☐	☐	☐

NACHWORT

Obwohl wir den Inhalt mehrmals auf Richtigkeit überprüft haben, können wir Fehler nicht ausschließen. Solltest Du eine Unstimmigkeit entdecken, dann nimm bitte Kontakt mit uns auf. Neben Hinweisen auf Fehler freuen wir uns natürlich auch über weiteres Feedback, Lob, Kritik oder sonstige Anmerkungen.

Lohnenswert ist außerdem ein Blick auf unsere Homepage www.testasprep.com. Hier findest Du viele nützliche Informationen über den TestAS sowie unsere E-Books auf Deutsch und Englisch.

Wir wünschen Dir viel Erfolg!

Dein edulink-Team

WEITERE BÜCHER UNSERER VORBEREITUNGSREIHE FÜR DEN TESTAS

Unsere Reihen „Vorbereitung für den TestAS Kerntest" und „Vorbereitung für den   Tes-tAS Geistes-, Kultur- und Gesellschaftswissenschaften" als gedrucktes Buch findest Du auf Amazon.

1. ***Vorbereitungsbuch für den TestAS Kerntest:***
   Leitfaden für den TestAS und Muster ergänzen

Inhalt:

- Hinweise zum Ablauf der Prüfung und weitere nützliche Infos rund um den TestAS

- drei komplette Test-Sets mit 66 Fragen

- ausführliche Lösungsstrategien

2. Vorbereitungsbuch für den TestAS Kerntest: Quantitative Probleme lösen

Inhalt:

- Wiederholung der wichtigsten mathematischen Grundlagen

- über 120 Übungsaufgaben mit detaillierten Lösungswegen

- vier komplette Test-Sets mit 88 Fragen zur optimalen Vorbereitung

3. Vorbereitungsbuch für den TestAS Kerntest: Beziehungen erschließen und Zahlenreihen fortsetzen

Inhalt:

- umfangreiche Aufgabensammlung mit über 140 Übungsaufgaben

- wertvolle Hilfestellungen und Lösungsstrategien für eine optimale Vorbereitung

- pro Aufgabengruppe jeweils drei komplette Test-Sets mit über 60 Fragen

1. Vorbereitungsbuch für den TestAS Geistes-, Kultur und Gesellschaftswissenschaften: Texte verstehen und interpretieren & Repräsentationssysteme flexibel nutzen

Inhalt:

- Erläuterung und Übungsaufgaben zu den einzelnen Textsorten

- Erklärung der verschiedenen Fragetypen und Abbildungsarten

- wertvolle Hilfestellungen für eine optimale Vorbereitung

- zwei komplette Test-Sets mit 44 Fragen zur optimalen Vorbereitung

Die Simulation für den TestAS **Geistes-, Kultur und Gesellschaftswissenschaften**

Inhalt:

- Eine komplette Übungsprüfung für das Fachmodul Geistes-, Kultur und Gesell-schaftswissenschaften

- Kerntest mit 4 Untertests und Fachmodul mit 3 Untertests

- insgesamt 154 Fragen

- ausführliche Antworten und Lösungswege

DATENSCHUTZBESTIMMUNGEN

Der Schutz und die Sicherheit Deiner personenbezogenen Daten ist uns sehr wichtig. Deine personenbezogenen Daten werden nicht für Werbezwecke genutzt oder an Dritte weitergegeben. Die edulink GmbH verarbeitet, insbesondere speichert, personenbezogene Daten von Teilnehmern an dem Preisausschreiben ausschließlich für die Dauer und zum Zwecke der Durchführung und Abwicklung des Preisausschreibens. Deine Daten werden auf Grundlage von Art. 6 Abs. 1 Buchstabe b DSGVO verarbeitet. Die edulink GmbH verarbeitet folgende Kategorien von personenbezogenen Daten: Name und Kontaktdaten. Der Teilnehmer kann jederzeit ohne Angabe von Gründen von seinem Widerspruchsrecht Gebrauch machen und die erteilte Einwilligungserklärung zur Verarbeitung und Speicherung der personenbezogenen Daten widerrufen. Sie können den Widerruf entweder postalisch oder per E-Mail an die edulink GmbH übermitteln. Ferner besteht ein Recht auf Auskunft, Berichtigung, Sperrung und Löschung Deiner personenbezogenen Daten. Eine Übermittlung an ein Drittland findet nicht statt. Personenbezogene Daten werden nicht veröffentlicht. Auf Anfrage senden wir Dir ein Gesamtdokument gemäß Art. 13 DSGVO zu.

Rechtliche Hinweise: Veranstalter der Preisausschreibung und verantwortlich ist die edulink GmbH (Anschrift: Schubertstr. 12, 80336 München, Telefon: +49-89-9975-6141, Email: info@edu-link.de). Mitarbeiter und Familienangehörige der edulink GmbH sind von der Teilnahme ausgeschlossen. Die Preisverteilung erfolgt bis zum 15. des Folgemonats. Enddatum des Preisausschreibens ist der 28.02.2021. Der Gewinner wird von uns per Email benachrichtigt. Der Gutschein wird per Email in digitaler Form versendet. Eine Barauszahlung oder Übertragbarkeit des Gewinns auf andere Personen ist ausgeschlossen. Ein Umtausch sowie Mängelgewährleistungsrechte bezüglich des Gewinns sind ausgeschlossen. Die Bekanntgabe des Gewinners erfolgt ohne Gewähr. Der Rechtsweg ist ausgeschlossen.

Jederzeitige Beendigung der Preisausschreibung: Die edulink GmbH kann zu jedem Zeitpunkt ohne Vorankündigung und Abgabe von Gründen die Preisausschreibung abbrechen oder beenden. Von diesem Recht kann die edulink GmbH insbesondere dann Gebrauch machen, wenn eine ordnungsgemäße Durchführung der Preisausschreibung aus technischen oder rechtlichen Gründen nicht mehr möglich sein sollte.

Abschlussbestimmungen: Der Rechtsweg ist ausgeschlossen. Diese Teilnahmebedingungen sowie alle sich daraus ergebenden Rechtsverhältnisse unterliegen ausschließlich dem Recht der Bundesrepublik Deutschland, soweit kein anderer ausschließlicher Gerichtsstand gesetzlich vorgeschrieben ist. Sollten einzelne Bestimmungen dieser Teilnahmebedingungen ungültig sein oder werden, bleibt die Gültigkeit der übrigen Teilnahmebedingungen hiervon unberührt.

Printed in Great Britain
by Amazon